ZÜRI-
SLÄNGIKON

Domenico Blass / Andrea Caprez

D1669448

ZÜRI-SLÄNGIKON

So spricht man in der Hauptstadt

Gesammelt von Domenico Blass
Illustriert von Andrea Caprez

orell füssli Verlag AG

2. Auflage 2008

Züri-Slängikon

So spricht man in der Hauptstadt

Gesammelt von Domenico Blass, den Lesern des Zürcher Monats-
magazines «Bonus» (1990) und den Usern der Zürcher Internet-
Plattform «zuri.net» (2007)
Illustrationen: Andrea Caprez, Zürich
Gestaltung: Nadia Eggmann, Escapenet GmbH, Winterthur
Internet: Reto Frei, zuri.net GmbH, Zürich
Online bei www.zuerislaengikon.ch oder www.zuri.net/slang
Druck: fgb • freiburger graphische betriebe, Freiburg

ISBN 978-3-280-05267-9

Bibliografische Information der Deutschen Bibliothek:
Die Deutsche Bibliothek verzeichnet diese Publikation in der
Deutschen Nationalbibliografie; detaillierte bibliografische
Daten sind im Internet über http://dnb.d-nb.de abrufbar.

INHALT

ZÜRCHER SIND
SCHNURRI

Pfui, Zürischnurre! Dir haben wir Zürcher einen schönen
Teil unseres schlechten Rufes zu verdanken. Du bist laut
und frech und ab und zu ganz schön primitiv.

Und trotzdem sind wir stolz auf Dich. Mit Hilfe der Leser
des Zürcher Monatsmagazines «Bonus» und der User der
Zürcher Internet-Plattform «zuri.net» haben wir Deine mar-
kantesten Ausdrücke, Übernamen und Sprüche notiert und
in einer Gratwanderung zwischen offizieller und lesefreund-
licher Schreibweise im Züri-Slängikon zusammengefasst.

Und wer jetzt im Züri-Slängikon blättert, der merkt sofort:
Du bist auch fantasievoll, witzig und charmant. Du hast die
Eigenschaften, die der Rest der Schweiz an uns Zürchern
oft schmerzlich vermisst. Hopp, Zürischnurre!

Domenico Blass

sich guet metzge
seine Haut teuer verkaufen

TÄTIGKEITEN

abreiben abfigge, abripse, abschabe, fergge, rippsche, süübere

anpacken aagattige, d Ärmel hinderelitze, ineligge

atmen ächze (schwerfällig), pfnuchse (stark atmen), schnüffele, schnuppe, schnuufe

aufgeben, resignieren d Flinte is Chorn rüere, de Schwanz iizieh, Fertig luschtig!, gnueg gstramplet, nüme chöne, öppis nüme preschtiere, s Gwehr is Fäld rüere, schlapp mache, Schluss fidibuss!

aufheben uufläse, uuflupfe, uufnäh, zämeläse, zämeramisiere (franz. ramasser)

aufpassen Achtig gäh, guet luege, Lappi – mach d Auge uuf!, Obacht gäh, Sorg hebe, uufpasse wie-n-en Häftlimacher

ausharren, durchstehen Biss zeige, da stah wie-n-en Fels i de Brandig, durebiisse, durehebe, duresüüche, nöd lugg lah, sin Maa stah

ausknobeln Aazelle, Bölle schele (Zählreim), Es chugelet öppis s Bergli ab, s isch de Herr Profässer – wie vill Öpfel hät er gfrässe? (Zählreim), hölzle (Hölzchen ziehen), Schere-Stei-Papier mache, Sigg-Sagg-Sugg mache, uus-chääre, uus-chääse, uusjasse, uuswürfle

beschenken dem würd i nöd emal de Dräck under de Fingernegel gäh (den würde ich nie beschenken), ich gib ihm es goldigs Nüüteli (nichts schenken), ich gib ihm es silberigs Nienewägeli (nichts schenken), öpperem öppis aahänke (meist ein Geschenk, das man selbst nicht haben will), Spändierhose aahaa

besuchen bsüechle, churz d Schueh abbutze (kurzer Besuch), e Visite mache, es Gastspiel gäh (kurzer Besuch), unaagmäldet aachlopfe, z Stubete gaa

bewältigen, meistern, verstehen am Fass haa, da stah wie-n-en Fels i de Brandig, da stah wie-n-es Eis, das isch miin Fisch gsi, de Chnopf uuftue, de Hirsch sii, de Scheriff sii, druus choo, dureblicke, en Schnall haa, im Griff haa, intus haa, kappische, öppis chöne, raffe, schnalle, tschägge (engl. to check)

bewundern abe gah wie-n-en Spoitz a de Schiibe, abe gah wie-n-en weiche Chäs, de Chnüü-Schlotteri haa, de Schlotteri überchoo, Gummibei überchoo, weichi Chnüü überchoo

bluffen blagiere, blöffe, gross tue, höch aageh, Me chönnt meine, du hegsch s Rad erfunde!, mit de grosse Chelle aarichte, puupe, rolexe, s Rad schlaa, uf di eiget Müli rede, uufpluschtere, uufschniide, wichtig tue

bürsten, polieren fidle, figle, glänze, wichse

denken de Bölle aastränge, de Chopf schräg hebe, dänn lauft d Hirnflüssigkeit zäme, de Dänkapparat aastelle, de Grips aastränge, die beide letschte Hirnzälle uf Serie schalte, die graue Hirnzälle füренäh, hirne

die Schuld zuweisen de schwarz Peter aahänke, s Zwei an Rugge maale

drängen aaschiebe, Bei mache, Dalli-Dalli mache, en Schupf gäh, pusche (engl. to push)

einkaufen chrömle (vor allem bei Süssigkeiten), dedle, kitsche (Kleinigkeiten einkaufen), kommissiönle (franz. la commission), lädele, poschte, pöschtele, schoppe (engl. to shop)

eintreffen aachoo, iitrudle

erwischen, ertappen hinder d Ränk cho, uf d Schlich choo, vertwütsche, verwütsche

erzählen verzapfe, verzele

erzwingen dure stiere, durezwänge, en schöne Stieregrind haa, erstämpfele, ertoibele, ertrotze, müede, zwängele

fangen hätse (vom Ausdruck «hät s» beim Fangis), s Hätti gäh, schnappe, verwütsche

feilschen abewürge (runterhandeln), en Chue-Handel (ein fauler Tausch), määrte

fotografieren de Unkel Otti macht e Foti, en Schnappschuss mache, es Bildli mache, fötele, knipse

geniessen bächtele, es verjagt mi vor Wöhli, sich s la wohl sii, tschille (engl. to chill), versprützte

hereinfallen driigheje, en Schue voll usezieh, id Schiissi recke, inegheje

herumhüpfen umefotzle, umegumpe, umejoggle

herumlungern abhänge, am liebe Gott de Tag abstäle, tschille (engl. to chill), d Ziit verplämperle, gammle, hänge, Häsch Muulaffe feil?, hudle, umehänge, umehüenere, umehummle, umeluedere, umelungere, umestriele, umetrümmere

herumstochern gusle, nodere, umefigureetle

herumtollen Das isch en schöne Gump-Esel!, umegumpe, umejoggle, umetroole

hetzen Druck mache, jufle, pressiere, Stress mache, stresse, stürme

hofieren, schmeicheln buuchpinsle, e Schliimspur hinderlah, es Bsüechli im Arsch vom Chef mache, eso schliime, dass mer uusrutscht, flattiere, höbele, Honig ums Muul schmiere, in Arsch chrüüche, nach em andere sim Muul rede, schliime, sich e bruuni Nase mache, sich e bruuni Zunge hole, sich ineschliime, Velo fahre – gäg ufe puggle, gäg abe strample

in die Hocke gehen abe fahre, abe huure, abehöckle, chnüündle, d Lutschstellig iinäh, id Chnüü gah

ins Gefängnis gehen Blei-Schueh aalegge, gsiibti Luft schnuufe, hinder schwedischi Gardine gah, id Chischte müese, iiglochet werde, is Chefi cho

jammern, sich beklagen chlööne, es Gschiss mache, gürmse, jämmerle, motze, muule, pfuttere, rüssle, Stunk mache, trällere, wäffele

klauen, stehlen abstaube, abzügle, chlaufe, chluppe, filze, Foif-Finger-Rabatt überchoo, gschänkt überchoo, i de Langfinger-Zouft sii, mitgah laa, mitlaufe laa, mugge, öpper uusnäh, s Zäh-Finger-Sischtem, schneife, schnelle, stibitze, strotze, strutze, subtrahiere, uuslehne, verschwinde lah

klecksen en Tolgge mache, moore, Narre-Händ verschmiered Tisch und Wänd, soile (Sau)

knirschen chroose

kochen Biomasse produziere, bröötle (braten), brutzle (braten), es stroddlet (das Wasser kocht), süüde (sieden)

kommentieren d Schnurre driihänke, drinine muule, e frächi Röhre haa, sin Furz dezue gäh, sin Kommentar abgäh, sin Mischt dezue gäh, sin Quark dezue gäh, sin Sänf dezue gäh, sin Seich aabringe, sini Läfzge driihänke

kosten, probieren en Zungespitz voll näh, es Prööbli näh, es Versüecherli näh

kramen grümschele, noisle, noddere, nuusche

kränkeln muddere, serble

kritisieren durehächle, durenäh, kritikaschtere, motze, nörgle, stänkere, stinkerle, wäffele

lachen es haut mi um vor Lache, es verrisst mi fascht, gigele, grööle, japse, mich verjättet s, mich vertätscht s

langsam aufhören abschlaffe, uusplampe laa, uusplämperle

lästern durenäh, hächle, keis guets Haar lah, löchle, stänkere, trombiere, umefigge, wösche (wie die Waschweiber)

leer ausgehen am leere Taape suuge, es Nienewägeli überchoo, es silberigs Nüüteli überchoo, für mich hät s nüme glanget, id Röhre luege, s isch für nüüt gsii

locken Diri-Däri mache, zoikle

lutschen suggele

mit dem Stuhl auf zwei Beinen balancieren gaagele, hin und her gigampfe, zabble

mit Streichhölzern spielen füürle, mit Zoishündli spile, mit Zündhölzli umegischple, zoisle

nachfassen hinderfrööge, naehaagge, naetopple

nachlassen abgäh, kei Müe meh gäh, lampe laa, schliife laa

nervös auf und ab gehen umefurze wie-n-es Humbeli, umetigere

pflücken, ernten abnäh, güne, läse, zupfe

pfuschen en Pfusch ablah, haudere, morxe, vercheibe, verhuere, vermorxe, verschluddere, versiffe, versoue, vertüüfle, zämehaudere

quietschen giire, giixe

radieren gümele

reimen, dichten e Schnitzelbank mache, en Vers brünzle, friisteile (engl. freestyle)

reissen riisse, schränze, schriisse, zeere

rennen abtuube (davonrennen), cheibe, d Bei under de Arm näh, di hindere füreneh, fätze, gümmele, hetze, hösele, seckle, semmele, sepple, spiide (engl. speed), springe, gisch was häsch, wetze

sanft streicheln, fast kitzeln chräbele, chrüsele, chützle, saniise

schaden am Stuelbei saage, e fiisi Tuur abzieh, eine inetrucke, eis inebrämse, es Ei legge, figge, öpperem en Strick dräje, zleid werche

Schaden anrichten en Seich mache, en Mischt ablah, öppis aastelle, öppis boosge, Scheisse boue

schauen be-augapfle, gaffe (starren), glotze, gugge, güxle, kibitzle, linse, luege, oige, sperbere, spienzle, Stiilauge mache, vor luuter Gwunder gheied em d Auge zum Chopf uus

schaufeln, graben buddle, loche

scheitern abverheje, id Hose gah

scheppern chessle, chlöpfe, tschäddere

schieben schürge

schneiden schnäfle, schnätzle, schnipsle, uusschniide

schnorren abbättle, abluchse, abluuse, ergattere, flattiere, uusriisse

schnuppern, auskundschaften kibitze, schnoigge

schwänzen blau mache, en Uusziit näh

sein Herz ausschütten de Chropf lääre, use chotze, use trumpeete

seine Haut teuer verkaufen sich guet metzge

sich abrackern chrampfe bis zum Umgheje, sich de Arsch uufriisse, sich de Puggel chrumm schaffe, sich zum Schindlueder mache, strample

sich an einem Apfel verschlucken es Bütschgi im Hals haa, s Schneewittli mache

sich ärgern abgah wie-n-e Rageete, de Puls gaht obsi, e Wulle haa, Schüüb überchoo, sich ergelschtere, sich grüen und blau ärgere, sich hindersine, sich nerve, sich rot und blau ärgere, sich uufrege, sich z Tod ärgere, stigelisinnig werde, toibele

sich ausruhen ali Vieri vo sich strecke, Drüü la grad sii, es Schlööfli näh, flexe, hänge, nüüt tue, obenabe cho, plegere, riläxe (engl. to relax), tschille (engl. to chill), tschilliere (engl. to chill), uusplampe, uusruebe, uusspane

sich beeilen aber es bitzli dalli (beeil dich), abschwirre, Dampf gäh, de Finger usenäh, de Sack iichläme und ap, di Hindere füre näh, e chli mache, fürschi mache, Gas gäh, Gummi gäh, Gutzi gäh, nöd umetöörle, pressiere, Strom i d Hose lah, ufs Gaspedal trucke

sich gut verstehen guet uus-choo, s guet haa mitenand

sich mit Kleinkram beschäftigen chüngele, gfätterle, grümschele, näggele, nuusche

sich schlecht benehmen am Knigge de Haagge stelle, pööble, uflätig benäh

sonnenbaden a de Sune brötle, brüünele, d Hamol-Stellig iinäh, solare, sünnele

spazieren e Radio-Wanderig (wenn es viele Spaziergänger hat), de Familieschluuch (Sonntags-Spaziergang), e chli go laufe, en Spazifizottel mache, laatsche, schuehne, spazifizottle, tschalpe, tschumple

spielen gejme (für elektronische Spiele; engl. game), goope (mit Kindern oder Tieren), zocke (um Geld)

stapeln biige, hüüfele, schöchle

stöbern, wühlen noisle, nüele, nuusche

stolpern stürchle, über d Scheiche stolpere, uf d Schnurre gheje, uf d Frässi haue

stossen, schubsen bugsiere, en Schupf gäh, en Stupf gäh, schupfe, schupse, schürgele

tragen, schleppen haurucke, puggle (Buckel), schleike

treffen Häsch s Tüpfi i de EPA kauft? (wenn man schlecht trifft), tüpfe

treten abschlaa, en Tschuut in Arsch gäh, gingge, stopfe, trampe

Tätigkeiten

trödeln blööterle, lamaasche, plämperle, Schnägge vertrucke, schnäggle, töörle, umegwaggle, umeharve, umeträddele, umevagabundiere, watschle

überflüssig sein Gift i de Rundi sii, im Off sii (engl. offside), im Wääg sii, s foift Raad am Wage sii, voorig sii

überreichen droppe (engl. to drop)

umbringen chalt mache, en Chopf chürzer mache, iisarge, morixle, schmoringgsle, umlaa, uusknipse

umfallen s hät mi glitzt, s hät mi gstöcklet, uf d Schnurre gheje, uf de Ranze gheje, uf de Sack gheje, umflüüge, umgheje, uusrutsche, uusschlipfe

umziehen d Wohnig wächsle, e neui Loosche bezieh, vergässe z zejse, zügle

ungeduldig erwarten langi Ziit haa, sehnsüüchtle, uf öppis plange

unsorgfältig behandeln öppis umegheje, rueche, schlampe, schludere, verlottere

unterdrücken de dörf nöd emal elei go seiche, kujoniere, under d Chnuute näh, under s Joch näh, vertrampe

verbessern uufmotze, uufpimpe (von der MTV-Sendung «Pimp My Ride»)

verdonnern verchnurre

vergessen, verlieren e senili Phase haa, es hät Bei überchoo, es isch mer öppis under s Iis gange, vergöpfe, verhüehnere, verlauere, verlegge, verlööle, verschwitze, Wo han i au min Chopf ghaa?

verkaufen abgäh, vergante, verhökere, verschärbele, versilbere, vertschingge, vertschuute

verlieren abluuse, alt uusgseh, hinderschi mache, hinenuse mache, iilüege, s Zwei uf em Rugge haa, uf d Schnurre gheje, uf de Sack überchoo, ufs Tach überchoo, vercheibe, vergejme (engl. game), verhaue, versieche

verpassen s hätt grad no gschwänzlet, s isch scho dure, vergöpfe, verhänge, verlööle

verraten, petzen nüüt für sich phalte chöne, petze, rätsche, sich verplappere, sich verschnurre, tädderle, umehusiere, uusplaudere, verrätsche, vertädderle

verwöhnen ärvele, gaume, i Watte packe, mit Honig voll schmiere, öppis z lieb tue, s letscht Hämp vom Füdli gäh, uf Hände träge, verbibäbele, verhätschele, verpäppele

verzögern hinderhaa, useschürgele, useschüübe, usestüdele

vorwärts kommen obsi choo, uf em Leiterli uufstiige, vürschi choo

weggehen abfahre, abhaue, abtanze, abtuube, abzische, de Fisch mache, en Abgang mache, Leine zieh

widersprechen umegäh, umemuule, usehoische

zerstören an Ranze mache, kabutt schlaah, schliisse, vercheibe, versieche, z Bode mache, z Hudle und z Fätze mache

zertreten flach mache, flach trucke, platt mache, verschlirgge, vertrampe, vertrucke, z Bode mache

ziellos umherirren striene, ume heue, ume hüehnere, umegeiere, umegondle, umegwaggle, umenüchle, umeschwanze, umestriele, umestriiche, umetigere, umevagante

en Kiosk a de Eigernordwand haa
dumm

EIGENSCHAFTEN

abgenützt abetrampet (Schuhe), abgfuckt (engl. to fuck), abgfigget, abgloffe (Schuhe), dure-griitet, uusgfranslet, uusglaatschet (Schuhe), uusgliiret, verbruucht

abgerackert abegwerchet, abekrampfet, uusbrännt, verbruucht

am Limit a de Gränze, am Rand, am üsserschte Egge, am üsserschte Zipfel, uf de Gnepfi, uf de Kante, uf de Kippi, uf em Spitz, uf em Spitzgupf

Angewohnheit das chasch la patentiere, das hanget dir aa wie Choigummi, e richtigi Gwonet, e Sou-Mode, en Stich, en Tigg, er macht s sit 100 Jahr eso, es Möödeli, jedem Tierli sis Pläsierli (franz. plaisir)

ängstlich vergelschteret

anspruchsvoll de Foifer und s Weggli welle, de hebt d Nase höch ufe, gschnäderfräässig, hochgchotzet tue, nobel tue

anstrengend eländ sträng, gääch, müehsam, schluuchig, struub

arm am Bättelstab, am Hungertuech gnage, amene lääre Chnoche gnaage, bi dene isch de Schmalhans Chuchi-Meischter

aufgeregt Häsch en Kabelbrand am Herzschrittmacher?, zablig

dasselbe aslig, genau s gliich, ghupft wie gsprunge, Hans was Heiri, s Gliichligi, tupfed gnau s gliichi, voll dito

diesjährig hürig, i dem Jahr

dumm blöd wie Brot, chübelblöd, de verriisst kein Strick, du bisch so tumm, das tuet scho weh, en Blächschade haa, en IQ vo drüü Meter Fäldwäg, en IQ wie-n-en Baumstamm, en IQ wie-n-es Seerose-Blatt, en Kiosk a de Eigernordwand haa, en Knick i de Fichte haa, es warms Joghurt im Hosesack haa, futztumm, geischtig obdachlos, geischtig umnachtet, geischtig underbeliechtet, geischtig underbemittlet, geischtig underernährt, geischtig uusrangschiert, geistig hösele, hirnblöd, meschugge, nöd ganz bache, nöd ganz hell uf de Platte, sibe Jahr Baumschuel und immer no en Pfahl, Stroh im Grind haa, tumm gebore, nüüt dezueglernt und erscht no d Helfti vergässe, tumm isch nume de Vorname, Tumm und fräch, das isch Päch!, tumm wie Bohne-Stroh, tumm wie drüü Meter Fäldwäg, tumm wie-n-en Liter Holz, tumm wie-n-es Joghurt, tümmer als es Kilo Sand, tümmer als es Stuck Brot, underbeliechtet, VW (vollweich), z blöd zum Zigis hole – gheit uf de Ranze und verbüügt de Foifliber, z tumm zum Schiisse, z tumm zum Stei hüete

eifersüchtig eiersüffig, iifi, vergoischtig

eigenartig das chunnt mir spanisch vor, gspässig, komisch, kosmisch, kurlig, nöd ganz buschper, nöd ganz dursichtig, nöd ganz koscher, nöd suuber über em Niere-Stuck, quär, unsuuber

faul, träge bequäm, churzi Ärm haa, de Fuulpelz und de Liederli sind zwei schlächti Brüederli, dem schlaaft no s Gsicht ii, stinkfuul, z fuul zum s Füdli lupfe

frech e chli forsch, e Rotzgumsle, gägsig, rotzfräch, schnodderig, schnuddrig, sone Gägsnase, üppig (Wird nöd üppig, Pürschtli!), vorluut

geizig gheblig, giitig, gnäpperig, schäbig

glücklich bi so glücklich, tralalalalaa – wänn i es Tässeli Kafi haa, d Ängeli singe ghöre, d Wöhli haa, da gaht der en Schuss ab, strahle wie-n-e Sune, strahle wie-n-es AKW, über all vier Bagge strahle, vögeliwohl

gut gelaunt Dir gaht s meini guet!, druff, en richtige Sunneschii, fit, fuz (Abk. von fit und zwäg), guet druff, iisi druff (engl. easy), uufgstellt, zu allne Löcher uus strahle, zwäg

hässig büschig, dem isch e Flüüge über s Läberli kroche, dem isch en Floh über s Läberli kroche, gallig, grantig,

Häsch Galle-Stei?, madig, mega-veruckt, muff, ranzig, rumpelsurig, sauer, steihässig, stinkig, stinksuur

hässlich   da seicht nöd emal en Hund draa, die isch zum abgwöhne, en wüeschte Grind – aber es Herz us puurem Gold, erdehässlich, erdewüescht, es ungattlichs Gsüün (Gesicht), Geischterbahn – letschti Kurve, grässlich, gruusig, ranzig, wänn d die aaluegsch, wird d Milch suur, wo de lieb Gott d Schönheit verteilt hät, hät er i di falschi Chischte glanget

intelligent   de hät s i de Bire, nöd im Füdli, eine i de Zentrale haa, en Einstein sii, en helle Siech, hell uf de Platte, öppis uf em Chaschte haa, super-gschiid

kaputt   es isch zu Hudle und Fätze, finito, futsch, gschlisse, gschlisse – verrisse, kaböres, putt, verrisse – verschisse

kinderleicht   bubig, bubiliecht, das cha ja jede Löli, das machsch mit links, eifach isch de Vorname, tubeli-eifach, wirsch wohl drüü und drüü chöne zämezele

locker, lose   gwagglig, löölig, lugg, lödelig

missraten   abverheit, abverreckt, für d Füchs, nöd glunge, voll versifft, völlig denäbet gange, völlig id Hose, völlig id Schueh

müde, erschöpft   am Bode, Chani aalähne?, chasch mi rauche, chasch mi schüüfele (ich bin todmüde), chuum meh d Bei lupfe chöne, d Luft isch dusse, d Schlüüch sind leer, dure, dure bi Rot, duuch, es gaht nüüt meh, fertig sii mit de Wält, fix und foxi, fladädi, flade, fläde, flocho, gaga, gschlisse, gschluuchet, halb-läbig, i de Brüch, i de Seil hange, ich han e Schiibe, im Arsch, im Loch, kabutt, kei Fiduz meh haa, kei Mumm meh haa, küblet, lulo (lustlos), mini Eier schliifed am Bode, nüme chöne, offline sii, ohni Saft und Chraft sii, platt, proche (gebrochen), putt (Abk. von kaputt), säcke, schläbe, Schrott, sugo, teig, tilt, total gschafft, uf de Felge, uf de Frässi, uf de Schnäuz, uf de Schnurre, uf de Socke, uf de Stümpe, uf em Hund, uf em Zahfleisch laufe, uf Resärve, uusbrännt, uusglutschet, uusgwunde, voll am Arsch, voll dur de Wind sii, voll strapaziert, Wind i de Wüeschti haa, zur Sou

mutig Eier haa, Fiduz haa, Füdli haa, s Guraaschi haa (franz. courage), Spoitz im Ranze haa

niederträchtig abgfuckt (engl. fuck), dräckig, hinderfotzig, miis bis soumiis, oberfiis, s allerletscht, s hinderletscht, underschti Schublade

niedlich herzig, lieb, schätzelig, schnüge, schnüggig, schnüsig, schnüslig, sülzlig

praktisch gäbig, gibi-gäbig, kumood (franz. commode)

schief chrumm wie de schiefi Turm vo Pisa, s hät Schlag-siite, s staht chrumm, schepps, schrääg

schnell gleitig, hurtig, pfupfig, rääss, rasant, rassig, tifig, weidli

schwindlig trümlig

sorgfältig, behutsam fiin, hübscheli, öppis mit Samet-händsche aalange, schüüch, süüferli

stattlich chreftig, nahrhaft, robuscht, stramm, währschaft

stur bockig, e Betong-Bire, en härte Grind, en Stiere-Grind, en sture Siech, stur wie-n-en Esel, wänn dä öppis im Grind hät, hät er s nöd im Füdli

überrascht, verdutzt baff, da hät s mi hinderegstrählet, da stah wie-n-en klöpfte Aff, das hät mi käppelet (den Hut vom Kopf genommen), das isch mer voll iiigfahre, fascht e Herzbaragge überchoo, mir isch fascht s Herz staah blibe, platt, So-n-en Chlupf!

ungeschickt en Dööfi-Meischter, en Hauderi, en Schutz-gatter, en Schutzli, en Spacko, en Spasti, es Gstabi, gsta-big, nöd säje, es wachst ja sowiso nöd (wenn jemand et-was fallen lässt), schutzlig, vercheert isch au lätz, zwei linggi Händ haa, zwei linggi Tüüme haa

unglücklich, deprimiert d Arsch-Charte zieh, d Muulegge la hange, daun (engl. down), de Anti-Smeili mache, de Morelli haa, de Nussgipfel mache, duuch, en Lätsch mache, en Seeleschmätter haa, es Gsicht mache wie drüü Tag

Rägewätter, im Iis-Chaschte sii, mit em lingge Bei uufstah, mudrig, rumpelsurig, schlächti Laguune haa, uf Depro mache, voll dune

unruhig chribelig, gischplig, hibbelig, uufgregt tue

unterdrückt under de Chnuute, under em Hammer, under em Joch, under em Stämpel, versklaavt, vertrampet, vertruckt

verlockend aamächelig, da chasch nume guene, da lauft eim de Saft im Muul zäme, da lauft eim s Wasser im Muul zäme, das gfiell mer au, das törnt mi aa, es macht mi andersch, gluschtig, voll scharf, voll spienzlig

verrückt d Spinnerei Wollishofe, dem hät s uusghänkt, dure, dure bi Rot, dureknallt, en Spinnhafe, en Sprung i de Schüssle haa, en Stich haa, meschugge, nöd all Chüeh uf de Wise haa, nöd ganz bache, nöd ganz butzt, nöd suuber, nümm alli Hamschter im Ränne haa, Radiisli im Hirni haa, sie nöd all binenand haa, total gaga, voll s Brot verbrännt haa, z heiss badet haa

verwirrt de Birefigg haa, durenand, nüme ganz binenand, verhüürschet, verliiret

wahnsinnig Burghölzli-riif, dure bi Rot, duretrület, gspune, hirnrissig, läbesmüed, stigelisinig, verruckt

weich, matschig pflootschig, pflüderig, pfluderweich, plütterig, schliimig

wütend aggro (Abk. von aggressiv), am duretrigge, am duretrüle, am raschte, am träje sii (am Durchdrehen), buschig, churz vor em Delirium, churz vor em Duretrüle, fuchstüfelswild, gallig, gasig, gäzzig (ital. cazzo), grantig, hundstüfelswild, im Rote träje, muff, putzig, ranzig, rot vor Wuet, rot wie-n-en Stier, rumpelfützig, schnäller vo Null uf Hundert als en 911 mit Föhn (Porsche Turbo), sich tödlich uufrege, stärne-hagels-verruckt, staubig, stinkhässig, stinkig, suur, uf 180, voll uf Schuub, voll verruckt

en Rappe-Spalter
Geizhals

TYPEN

Akademiker en Alkademiker, en Büecherschmöcker, en Gstudierte, en Obergstüürete, en Studiosus

Alleskönner de Män (engl. man), en Händimän (engl. handyman), en Hans-Dampf, en Schöbi, en Sibesiech, en Soucheib, en tolle Hecht

alte Frau e alti Gumsle, e alti Jumpfere, e alti Schachtle, en Faltewurf, e Omammaa, en Schleedornhaag (weisshaarig), es alts Güetsi, es alts Müetterli, es Fridhof-Gmües, es Grosi

alter Mann en alte Bock, en alte Chnoche, en Braschti (Gebrechen), en Chlööni, en Chnorzi, en Gritti, en Grochsi, en Grufti, en Munggi, en Zittergreis, es alts Mandli

Anfänger de isch no grüen hinder de Ohre, en Azubi (Auszubildender), en Hose-Brünzler, en Neue, en Stift: e chopfloosi Niete, en Unglehrte

Angeber Chumm vom hööche Ross obenabe!, en Blöffer (engl. bluff), en Blöffsack, en Blöffsiech, en Bräuli, en Chlotzer, en Hochgstochne, en Liiri-Cheib, en Niele-Raucher, en Pfau, en Plagööri, en Praschalleri, en Schüümer, en Schuumschleger, en Stänzer, en Tauchsüüder, en Wasserchocher, en wichtige Gsell, en Wichtsack, Häsch d Latte z hööch ghänkt?, Häsch de Geewee (Grössenwahn)?

Angsthase e Fürcht-Greete, e Martha, e Memme, e Mimi, e Schwöschter, e Sissi, e Susi, e Zitterpapple, en Hase-Fuess, en Hosegagger, en Höseler, en Hoseschiisser, en Hoseseicher, en Hösi, en Schiss-Chegel, en Schiss-Haas, en Schliimschiisser, es Marie-Theresli, es Theresli

Autoritätspersonen d Elschtere (Eltern), d Regierig (Eltern oder Partner), de Befehlihund, de Boss (engl.), de Capo (ital.), de Käptn, de Chefe (span.), de Scheffrocker, de Diktator, de Dirigänt, de Fäldmarschall, de gross Manitu, de Guru, de Häuptling, de Hüttewart, de Kontrollör, de Landjeger, de Landvogt, de Major, de Massa, de Meischter, de Ober-Befehlshaber, de Oberjehudi, de Obermufti, de Oberscht, de Patron, de Pool-Sheriff (Bademeister), de Schäriff (engl. sheriff), de Scheff (franz. le chef), de Schinder, de Sklavetriiber, de Tätschmeischter, de Wachhund, de Wachmeischter, de Zampano, die Alt/de Alt (Partner)

Besserwisser de hät d Wiisheit mit Löffel gfrässe, en Besserwüsser, en Bhaupti, en Einstein-Verschnitt, en Hochgstochne, en Holzgravatte-Frääser, en Klugscheisser, en Schnuri, en Sibegschiide

Brillenträger de hät es Nasevelo, e Brüle-Schlange, en Brüle-Heiri, en Brüle-Schaaggi, en Harry (vom Romanhelden Harry Potter)

Chaot de Käptn Chaos, de studiert nur vor d Füess (plant nicht), e Puff-Lise, e Schlampe, en Liederli, en Puffalo-Bill

dicke Frau die gseht ihre eigeti Schatte nüme, e Chäächi, e Feschti, e Plättere, e Plüttere, e Wume, es Burger-King-Wunder, es Füdli wie-n-es 1000fränkigs Praliné, es Möckli, es Molli, es Trampeltier, guet polschteret, im Summer gitt sie Schatte und im Winter warm

Ehrendame e Gladiole-Hänne, e Schmatz-Gummsle

Faulpelz en Fuulänzer, en fuule Sack, en fuule Siech, en Hudilump, en Siebeschlöfer

Fiesling e Arschgiige, e eländi Schnattere, e falschi Schlange, e fiisi Ratte, e Sou-Schnalle, e Wanze, en Dräcksack, en fertige Schlufi, en Hinderrücksler, en miise Hund, en Seckel, en Souhund

Frauenheld a dem bliibt jedi chläbe, de Gogg im Goggeligoo, en Casanova, en Fraue-Jeger, en Scharmör (franz. charmeur), en Schigolo, en Stächer, en Uufriisser, en Wiiberheld, en Wyberschmöcker, er hät a jedem Finger zäh (zehn Frauen), sis Hobbi isch d Balz

Geizhals de cheert de Foifer zweimal um, en Bätzeli-Hocker, en Chlämmerli-Sack, en Chnuppe-Saager, en Foifer-im-Arsch-Chrümmer, en Giiz-Chrage, en Giiz-Gnäpper, en Rappe-Chlämmer, en Rappe-Spalter, en zämehebige Sou-Aff

Hippie en Blüemlischmöcker, en Gras-Heizer, en Reserve-Heiland, en Woodstöckler, es Bluemechind

ideenreicher Mensch e Wundertüüte

Intrigant e Dräckschlüüdere, e Giftsprütze, en falsche Füffzger, en Intrige-Heiri

Jet-Setter de isch a jedere Hundsverlochete debii, en feine Pinggel, en Meh-Bessere, en Mui, en Schicki-Micki, en Servo-Promi (Cervelat-Prominenz), es Markefuzzi

Klatschtante d Dorf-Trumpeete, d Dorfziitig, e Dorf-Rätschi, e Frisch-ab-Präss, e Plaffere, en Rätschbäse, e Trudi Gärschter (wie die Basler Märlitante), e Tschätterbäne, en Schnurri, en Schwafli, en Schwätz-Bäse, es Amtsblatt, es Bäsi, es Schnurriwiib, es Wöschwiib, s Äxtrablatt, s Echo vom Albis, s Echo vom Züriberg, s Tagblatt

langsamer Mensch de cha bim Laufe d Schueh binde, de Prinz Valium, dem schlaaft s Gsicht ii, e laami Änte, e Liimtuube, e Schlaftablette, en Ehre-Bärner, en Lahmarsch, en Lahmsüüder, en Lamaaschi, en Mählsüüder, en Schlendrian, en Schnaagi, en Schnägg, en Sürmel, es Valium, Mues i di stosse oder zieh?

Langweiler e Schlaftablette, en Aa-Ööder, en Antiquitäte-Händler (erzählt Altbekanntes)

Liebhaber von Süssigkeiten en Chröömli, en Süesse, en Süessluegi, en Schläckbäse, es Schläckmuul, es Schoggimuul, es Zuckermüüli, es Zucker-Soili

Links-Alternativer de isch Chupfer-Wulle-Bascht, en Handglismete, en Öko-Zipfel, en Sälberglismete

Lügner, Betrüger de lügt ja scho, wänn er s Muul uufmacht, de lügt wie truckt, en Bschiissi-Siech, en falsche Füffzger, en falsche Hund, en falsche Tüüfel, en Gauner, en Habasch, en Inelegger, en Lüüge-Baron, en Lüügi-Siech, en Schweine-Priechter

mürrischer Mensch de macht en Grind wie zäh Tag Rägewätter, en Brummli, en hässige Cheib, en Nörgeli, en Sürmel, en suure Mocke, en Suurteigg, Häsch Essig trunke?

neugieriger Mensch de streckt sini Nase i alles ine, e Gwundernase, e Gwundertüüte, en Gwunderfizz, en gwunderige Cheib

Opportunist de hät e bruuni Zunge, e alti Hafe-Huer, e alti Tämpel-Huer, en Arsch-Chrüücher, en Arsch-Läcker, en Puggler (bückt sich vor jedem Höhergestellten), en Schliimer, es Fähnli im Wind

Pedant en Erbslizeller, en Gnaumeier, en Tüpfli-Schiisser, es Exäkteli, päpschtlicher als de Papscht

Rüpel Bisch mit em Helikopter dur d Chinderstube?, de frisst s letscht Guetzli us de Büchse, de hät der Aastand au nöd mit Löffel gfrässe, de Knigge isch für de es Fremdwort, dem muemer na Aastand leere, en Ellebögler, en fräche Chog, en fräche Siech, en Grampol, en Gwandluuser, en Pflock, en Ruech, en Schnuderi, en Souhund, en unghoblete Dräcksack

Scherzkeks en glatte Cheib, en glatte Siech, en Gspassvogel, en Hansjoggel, en Witzbold, en witzige Brüeder, Häsch en Gloon (engl. clown) gfrässe?, Häsch Gigeli-Suppe ghaa?, Häsch i de Witzchischte gschlaafe?, immer luschtig, immer froh, wie de Mops im Paletoo (franz. paletot)

Schlitzohr en Filu (franz. filou), en Heimli-Feisse, en Puureschlaue, en Schlau-Meier, en Zähmal-Gschiide

Schwächling e Badhose, e Bättschwöschter, e Memme, e Mimose, e Pfluume, e Pussy, e Schwöschter, e Sissy (engl. sister), e Susi, en Beckerand-Schwümmer, en Berguuf-Brämser, en Bräzeli-Bueb, en Bügel-uf-em-Sässellift-Schlüüsser, en Cappuccino-Trinker, en Chreisel-Linggs-Blinker, en Fallschirm-Benutzer, en Feschtnetz-Telefonierer, en Fudibutzer, en Gartefäscht-Boxer, en Gnagi, en Hupper, en Jammersack, en Löffel, en Panasch-Suufer, en Pantoffelheld, en Pinguin, en Rehstreichler, en Schatte-Parkierer, en Schlappschwanz, en Schnägge-Uufläser (naturverbunden), en Sitzpinkler, en Troche-Rasierer, en Turnsack-Vergässer, en Vorwärtsparkierer, en Warm-Tuscher, en Weich-Bächer, en Weiche, en Weichschnäbeler, en Wellness-Wuche-Buecher, en Wiiberschmöcker, en Wösch-Lappe, en Zwüschet-de-Zeche-Tröchner, es Abzieh-Bildli, es Blüemli, es Häneli, es Pflänzli, es Schwächeli, es Weich-Ei

Schwätzer de hät Buechstabe-Suppe gfrässe, de hät de Schnurrepflutteri, de hät es Buech gfrässe, e frächi Röhre, e Plaudertäsche, e Quassel-Strippe, e Schnurre wie-n-es Maschinegwehr, en Aazünder, en Goiferi (giftiger Schwätzer), en Laferi, en Lall-Chopf, en Liiri-Cheib, en Plagööri, en Plapperi, en Plauderi, en Plodderi, en Schnabelwetzer (Schnellsprecher), en Schnurri, en Schnurri-Cheib, en Schnurri-Hund, en Schwafli, en Schwätzbäse, en Schwauderli, en Sprützi

Spiesser en Bünzli, en Chliikarierte, en Fübü (Füdli-Bürger), en Hoselotteri, en Tüpfli-Schiisser, es Bräveli

Störefried en Driischnurri, en Inemischi, en Plaag-Aff, en Plaag-Geischt, en Stöör-Geischt, en Zwüschetine-Funki

Teenager de chan nonig graduus seiche, de isch no grüen hinder de Ohre, de stinkt no nach Muettermilch, en Backfisch, en junge Schnuderi, en junge Spunt, en Pubertierer, en Sandchaschte-Rocker, en Tiini (engl. teenager), es Hormonschuub-Baby

unzuverlässiger Mensch e Schlampe, e Schmuddle, en Hotsch, en Luftibus, es Fähndli, uf die würdi kein Foifer wette, vorne hui und hine pfui

Verbrecher de hät Dräck am Stäcke, de isch meh im Chefi als dusse, en Gängschter, en Gauner, en Gitterstäb-Rüttler, en Glünggi, en Halungg, en Mischtchäfer, zähtuusig Jahr Chischte uf zwei Bei

Verräter, Petze en Rätschbäse, e Tädderli-Chatz – wiiss und schwarz, en Tädderli-Sack

Versager, Verlierer de landet na bi de Heilsarmee, e Fläsche, e Fluusche, e Pfiiffe, e Pfluume, e Pfunzle, en armi Hütte, en Flopper

Zappelphilipp en Foif-Stern-Hüppi, en Gischpel, en Zabli, en Zwaschpli, es Fägnäscht, es Rutschfüdli

en Mugge-Furz
ganz wenig

BEWERTUNG

Blödsinn en fertige Chabis, en Firlifanz, en Hubeligug, en Hudipfupf, en Hugipfupf, en Humbug, en Quatsch mit Brot, en Quatsch mit Soosse, en Schmarre, en Schnabelkack, en Seich, en uuhuere Mischt, es uufgstänglets Löölizüüg, Fudimangöggis, Huulibambuuli, Löölizüüg, Papperlapapp, Pfiiffe-Chabis-Chäs, Pipifax, Schissdräck

daneben, verwerflich abartig, chrankhaft, das gaht uf kei Chueh-Huut, gschämig, näb de Schueh, under jedem Hund, under jedere Sau, uusgschämt, weich

eine schlechte Idee e Furzidee, e Mugge, e Panne, e Schnapsidee, en Blaascht, en Chäs, en Flop, en Furz, en Gääg (engl. gag), en Gugus, en Sääk (en Seich), en Schmarre, en schöne Riifall, en Schotter, en Schrott, en Seich, en Witz

falsch andersch gfädlet, anderschume, en Fisch, irrig, lätz, richtig isch andersch, verchehrt, verchehrt statt lätz

ganz wenig e Schnoigge voll, e Schnurre voll, en Mugge-Furz, en Mümpfel, en Spoitz in See, es birebitzeli, es bitzeli, es Mikro-Mü, es Mü (aus der Mathematik), es Mugge-Seckeli, es Mümpfeli, es Nüüteli, es Schnoiggeli (ganz wenig in den Mund nehmen), um es Futzehöörli, weniger als nüüt

grosses Stück e Tonne, en Chlobe, en Mocke, en Schole, es Kilo

gut AC (affen-cool), affegigelgagelgeil, ATG (affe-titte-geil), atomar, atomgeil, big piktschr (engl. big picture), boimig, bombastisch, cool (engl.), d Kröönig, da bringsch de Kiime nüme zue, da gönd der d Schüss ap, da gönd dir d Schüss farbig ap, da haut s der d Schuehbändel uuf, da haut s dir de Sack id Wüeschti, da rollt s der d Zächenegel ufe, das bringt s, de absoluti Hit, de füdliblutti Wahn, de Hammer, de Hit, de Wahn, doppio cremo, e Bombe, e grobi Sach, elefantös, en Strassefäger (kultureller Anlass), extremadura, fänzi (engl. fancy), fräässig, fromm, gääch, gedige, geil, genial, gfährlich, gierig, gröber, gschmeidig, gül (geil), HC (engl. hardcore), heiss, herremässig, intergalaktisch, isch kauft!, jensiitig, krass, lässig, magma-fett, mega, optima-tütterli, perle, phenomatös, plüschig, s Bescht vom Beschte, s isch Gält (aus der Börsensprache), scharf, Schweine im Weltall (aus der «Muppet Show»), sidefiin, starch, stink-affeseichgeil, super, suuber, tiptop, tschent, tüür, ultimo cremo, verschärft, voll de Börger (engl. burger), voll de Börner (engl. to burn), voll de Bringer, voll edel, voll Schoggi, voll zfride, vom Allerfeinschte, vom Fiinschte, zum Schüüsse, zwisi

Hirngespinst e Flause, e Furzidee, e Spinneritis, en Furz

Krönung, Höhepunkt ali Nüüni (vom Kegeln), da gahsch id Chnüü, da leisch di flach, da machsch s Gipfeli, da seichsch in Ofe, de Hämme (von Hammer), de Hit, en Sächser im Lotto, s Gääli vom Ei, s Tüpfli uf em i

Respekt! Alli Zähni!, Alli Achtig!, Chasch nume na stuune!, Da cha me nöd muule!, Da chasch nüüt säge!, Da muesch ja stramm stah – Hand ad Hosenaht!, Das chönnt i au nöd besser!, Ei der Daus!, Freude herrscht! (Zitat von Adolf Ogi), Heiland-Tunner!, Huere-Siech-nomal!, Huet ab!, Ja du heilige Bimbam!, Ja hör!, Jetzt schlaat s Zwölfi!, Läck du mir!, Läck mer am Tschoope!, Läck, Bobby!, Momoll!, Nöd schlächt, Herr Spächt!, Nüme nüüt!, Potz Blitz!, Potz Holzöpfel und Zipfelchappe!, Potz liebe Gödel!, Potztuusig!, Prima – Primissima!, Sapperlott!, Schapoo! (franz. chapeau), Sibe Sioux!, Sternefoifi!, Tuume ufe!

schlecht ätzend, balla, bireweich, brief (aus der Börsensprache: Ich kaufe nicht), chalt wie im letschte Winter, chalte Kafi, Chopf ap!, da chasch mi filme, da chum i Püggel über, da schlaaft mer s Gsicht ii, das chasch rauche, das hät scho min Grossvater uf em Häfi pfiffe, das haut au d Eskimo nöd vom Schlitte, das intressiert mi wi de Schnee vor 30 Jahr, das isch de Wucherückblick für d Schwiizer im Ussland, das isch spanend wie-n-es Glas Wasser, das isch spanend wie-n-es Telifonbuech – vill Lüüt und wenig Handlig, das mues i nöd haa, de isch no vom Winkelried, denäbet, dure (bi rot), duss (für Leute und Dinge, die nicht in sind), eländ, en Kack, für d Chatz, für d Füchs, für d Grossmuetter, für d Müüs, gaga, ghetto, gib i (aus der Börsensprache: Ich verkaufe), Gips, grufti-mässig, Hafe-Chääs, hohl, id Hose, intressant – wie wänn z China en Sack Riis umgheit, jetz besseret s, lämpe-mässig, mir chömed Trääne, mir löscht s ap, mit dem chasch mi jage, mit dem locksch kein Floh hinder em Ofe füre, Müll, näb de Schueh, Null-acht-füfzäh (ehem. Maschinengewehr aus dem 2. Welt-krieg), öhig, ouwer (engl. over), s gaat mer uf d Eier, s gaht mer am Arsch verbii, s isch e tummi Gschicht, s isch Fredi, s isch zum Pfiiferauche, shit (engl.), schitter, Schnee vo geschter, Schrott, stier, stuss, toti Hose, überflüssig, verbii, voll gschisse, weich, Wotsch nöd emal d Platte wächsle?, zum Abwinke, zum Haaröl seiche, zum Schiisse

sehr affe-, affetitte-, atom-, brutal-, cheibemäässig, em Tüfel es Ohr ap, enorm, erde-, extrem, fade-, giga-, grau-sam, hammer-, huere-, hyper-, irre, ise-chüel, mega-, milli-one-, mimonschter-, mordsmässig, multi-, nuklear-, obe-nuus, ober-, oberaffetitte-, riise-, sack-, schampaar, schürli, schüüli, schwer, steil, tierisch, todes-, top-, turbo-, ultra-, unghüür, üsserscht, uuhuere-, uuhüüne-, uurüüde-, uuu-, wahnsinnig, wuchtig

sehr gut abartig, andersch, arschgeil, brutal, brutös, da verrecksch, da verrecksch im Schatte, de füdliblutt Wahn-sinn, de Hammer, erdegeil, es isch eis z vill, Fedi-mässig (wegen Roger Federer), geil, hennegeil, höllegeil, homo-gen, hueregeil, maximal, mega, obenuus, oberhammer, porno, prima-primissima, s blutte Maximum, s Zähni, sackstarch, sprützgeil, superduuper, supitrupi, suppi (su-per), verreckt

sehr viel abartig vill, e ganzi Schwetti, e Tonne, en Huufe, huerevill, hüüfewiis, kilowiis, megamässig, tonnewiis, wie-n-e Moore, zentnerwiis

vollständig alles zäme, de hinderscht und einzig, ganz und gar, mit Stumpf und Stiil, ratzebutz, rübis und stübis

em Tüüfel es Ohr ap
bis zum Geht-nicht-mehr

SMALL TALK

abgemacht d Hand druff, das isch en Diil (engl. deal), häsch mis Ehrewort, isch buechet, isch gebongt, isch gritzt, isch i.O. (in Ordnung), isch kauft, isch paletti, isch tilt, Jawolle Frau Holle!, ok, okäi, okei, ökk, oukidouk, söll gälte

Alles klar? Alles Banane?, Alles da im BH?, Alles i de Hose?, Alles im Öl?, Alles Oki-Doki?, Alles paletti?, Alles piccobello?, Alles rädi? (engl. ready), Bisch fit im Schritt?, Bisch gstige?, Buechsch es?, Capische (ital.)?, Chunnsch druus?, Chunnsch naa?, Funkzionaglet s?, Gsehsch de Pögg? (engl. puck), Häsch s am Fass?, Häsch s intus?, Häsch s tschägget? (engl. to check), Hät d Ample uf Grüen gschalte?, Hät s griffe?, Isch de Foifer abeghejt?, Isch de Zwänzger abeghejt?, Isch es ine?, Isch s kläre?, Pöggsch de Tschegg?, Schmöcksch de Böögg?, Schmöcksch de Töff?, Schnallsch es?, Tschäggsch de Pögg?

alles Mögliche alle Cheibs, alle Gugger, alle Tod und Tüüfel, en fertige Mischmasch, jeene Schissdräck, jeenschtes, vo allem e chli, vo allem öppis – aber nüüt rächts

Beeil dich! Aber hoppla!, Avanti dilettanti!, Avanti Savoja!, Avanti! (ital.), BWS (beed Wääg seckle)!, Chunnt s dänn öppe?, Gib e chli Gas!, Hüt no!, Mach fürschi!, Nimm di Hindere füre!

bis zum Geht-nicht-mehr bis à gogo, bis an Bach abe, bis an Haag abe, bis äne Tubak, bis d Flinte raucht, bis d Ohre gwagglet, bis s Hirni rüücht, bis zum Abwinke, bis zur Vergaasig, em Tüüfel es Ohr ap, uf tuusig und zrugg

bitte bissoguet, mach schön Bitti-Bätti (bei Kleinkindern), Vergält s Gott!, wänn Si wänd so guet sii

das Du antragen Duzis mache, Hämmir zäme Soi ghüetet? (wenn man überraschend geduzt wird)

Das eilt nicht chum i hüt nöd, chumi morn, eis nach em andere wie z Paris, es lauft der nöd dervoo, morn isch au no en Tag, nimm der alli Ziit vo de Wält, nume nöd gsprängt

Das ist mir egal Das gaht mer chalt am Arsch verbii, Das gaht mir da ine und deet use, Das intressiert mich en alte Furz, Das isch mer Hämp wie Hose, Das isch mir füdi-fädigliich, Das isch mir schiissegliich, Das isch mir schnuppewurscht, Das isch mir so lang wie breit, Häsch jetzt meh Haar?, Häsch kein Coiffeur? Chasch es dem verzele!, Ich gib dir 50 Rappe – lüüt öpperem aa, wo s intressiert, S isch mir Hans was Heiri, S isch mir schnuppe, S isch mir schnurz, Und jetzt bisch zäh Meter gwachse?, Und jetzt häsch meh Legos?, Weisch, wo chratzt s mi?, Wo isch de Bus – mit de Lüüt dine, wo s intressiert?, Wo isch er – de, wo s intressiert?

Das ist offensichtlich Das gsehsch ohni Brüle, Das gseht en Blinde – ein Kilometer gäg de Wind, Das gseht jede Löli, Das gseht me vom Schiff uus, Das isch ja klar wie Gülle, Das liit uf de Hand

Das ist unglaublich! Da chunnsch Vögel über!, Da gahsch abe wie-n-en Schindler-Lift!, Da gahsch abe wie-n-en weiche Chäs!, Da gahsch abe!, Da gahsch am Stock, Da gheit der ja de Roscht ap!, Da gönd der d Schüss i d Lümpe!, Da haut s mir schier de Nuggi use, Da haut s de Stöckli us de Söckli!, Da haut s der de Zapfe use! (Tampon), Da laht s der grad de Latz abe!, Da lupft s dir de Schlammteckel!, Da mach i de Pfau!, Da rollt s dir ja grad d Söckli abe!, Da seichsch in Ofe!, Da spoitzt ja scho s chliine Männli im Chopf!, Da strählt s di hindere!, Da verrecksch im Schatte (so heiss isch es)!, Da wird mer ja de Same flockig!, Das chasch nöd bringe!, Das gitt mer öppis!, Das glaubt der de stärchschti Maa nöd!, Das hät mir schier de Gong gäh!, Das haut di d Schiissgass durab!, Das haut mi um!, Das haut sogar s Hörnli vo der Eiche!, Das isch anal!, Das isch de puuri Wahnsinn!, Das isch zum Flocke goisse!, Das litzt dir d Zeje-Nägel ume!, Das nietet mi um!, Das schellt mi!, Das schletzt mer grad de Sack id Wüeschti!, Derbe Shit, Alte!, Du heiligs Verdiene!, Du verbrännti Zeine!, Du verreckti Zeine!, Es isch zum Gummibärli uuspeitsche!, Es isch zum Hüener sattle!, Es isch zum Träne furze!, Guet Nacht am Sächsi!, Hoppla Schorsch!, Huere-Sack nomal!, Ich bepiss mi!, Ich ha schier de Pfau gmacht!, Ich han fascht in Tisch bisse!, Ich legg es Ei!, Ich schiiss en Goldfisch!, Ich schiss en Igel – nei, zwei!, Ich verreck!, Ich wär schier gstorbe!, Jemmers au!, Jetz isch aber de Zapfe-n-ap!, Lääck!, Läck Beck!, Läck mer am Gnagi, Läck mir doch am Arsch!, Mich biisst de Pleitegeier!, Mich haut s us de Socke!, Mich haut s vom Stüehli!, Mich teeret s!, Mir butzt s d Scheu-Klappe!, Mir gaht s Mässer im Hosesack uuf!, Nei, wägerli au!, Oh du verbränni Zeine!, Oh jemineh, Frau Portmonee!, Potz Milione!, S isch zum Chnöche chotze!, S isch zum Chrischt-baum-Chugle furze!, S isch zum Figure chotze!, S isch zum Güggeli vergwaltige!, S isch zum Haaröl seiche!, S isch zum Müüs mälche!, S isch zum Öl lisme!, S isch zum Rasier-klinge brünzle!, Sack Marroni!, Schwätz kei Bläch!, Späck und Bohne – Potzmillione!, Stäckedööri nomal!, Stärne-bütschgi!, Stärnefüdli!, Tschau Bäse!, Ui nei!, Verreckte Cheib!, Wettsch mi verfüdle?

Das spielt keine Rolle Das chunnt nöd druff aa, Das isch Chrut was Chabis, Das isch doch ghüpft wie gsprunge, Das isch doch Wurscht, Das isch einewäg, Das isch en Schnurz-furz, Das isch ghaue wie gstoche, Das isch Hans was Heiri, Das isch Näbedsach, Das macht de Braate au nöd feiss, Das macht doch nüüt, Das spilt doch kein Tango, Das spilt kein Rugel, So oder so

Dein Reissverschluss ist offen! Häsch d Apothek offe?, Häsch de Kiosk offe?, Häsch Durchzug?, Häsch s Büro offe?, Häsch s Loch offe?, Isch das e liladig?, Isch dini Mueter chrank?, Isch er gstorbe?, Mach din Hoselade zue – es fischelet!

eine klare Sache e sicheri Sach, en Uufgleite, klar wie Güle, kläre, logo, sicher scho, so klar wie unsichtbar

Entschuldigung Äxgüsi, Äxgüsi, Frau Büsi, en Schludige giged Sie mich, Entschludigung, Excusé, nüüt für Ungarn, nüüt für unguet, Pardon, schkusi (ital. scusi), söll nüme vorchoo, sori wäg vori (engl. sorry), Tschuldigung, Tschumpelhund, tuet mer schüüli leid

Es geht weg wie warme Semmeln Das gaht furt wie frischi Weggli, Das lauft wie gschmiert, Das lauft wie gstört, Das riissed s der zu de Händ uus

Es geht zur Neige Es gaht uus, Es hät fascht nüüt meh, Es isch fertig luschtig, Es schwiinet

Es regnet Es chüblet, Es chuutet, Es fiserlet (es nieselt), Es güüsst wie us Chübel, Es laat abe, Es lätteret abe, Es

37

pflootschet, Es pisst, Es präglet, Es rägnet us em Wulchefass – und alli Chindli werded nass, Es schiffet, Es seicht, Es strääzt, Es wässeret, Räge macht schön!, Räge-Räge-Tröpfli – es rägnet uf mis Chöpfli

Es stinkt Es jääselet, Es mäggelet, Es miifft, Es mötteret, Es müffelet, Es töötelet

Finger weg! Finger ab de Röschti – de Vater hät d Füess druff!, Lass mi in Rueh!, Nöd aalange!, Pfote wägg!, Sii laa!

Floskeln «Sooli», seit de Pögg zum Gooli, Ächt, Frau Chnächt?, Alles da im BH?, Alles iisi in Brindisi?, Alles klar a de Bar?, Alles klar in Sansibar?, Alles klar, Waldemar, Alles kuul in Istanbul?, Alles Rodscher in Kambodscha?, Bisch fit im Schritt?, Chunsch druus, Bluemestruuss?, Chunsch druus, Flädermuus?, Grüeziwohl, Frau Bluemechohl, Hallo Velo!, Iisi Portugiisi, Mamma mia, Pizzeria, Natütterli, Frau Gütterli, Nöd schlächt, Herr Spächt!, Oder, du Choder?!, S isch nie z spat für Fruchtsalat, Saletti Spaghetti, Sali, Frau Galli, Scho guet, Helmuet, Scho rächt, Albrächt, Sorry wäg de Story vo vori, Sorry, Frau Schori!, Tuet mir leid, Adelheid, Und oder oder, Spoiz oder Choder, Würkli, Frau Bürkli?

ganz sicher das schläckt kei Geiss wegg, Ehrewort, ghaue oder gstoche, hundert Pro (100 %), tänks

Gesundheit! Gschiidheit – gsund bisch scho!, Gsundheit chunnt vor Schönheit, Gsundheit-Schönheit!, Gsundzgi, Hunds-Cheib!, Lieber gsund und riich, als chrank und arm!

Glück haben Dussel haa, em Tüüfel ab der Stange gumpe, es Sächsi im Lotto haa, Glöggli haa, Häsch de Heiland verschluckt?, Holz aalange! (Ritual, nachdem man Glück gehabt hat), Schwein haa

Hör auf mit dem Gejammer! Es git kei Bire, Es git kei Öpfel, Mach kei Chilbi, Mach kei Faxe, Mach kei Fisimatänte, Mach kei Kumedi, Mach kei Sparglimänte, Mach kein Uufstand, Mach keis Büro uuf, Mach keis Cabaret, Mach keis Halihallo, Mach keis Lamento, Mach keis Theater, Mach s eifach – dänn häsch Rueh, S gitt nüüt z hueschte

Hörst du nicht mehr gut? Häsch d Ohre putzt hütt morge?, Häsch en Sankt-Galler-Schüblig i de Chabis-Bletter?, Häsch Oropax i de Löffel?, Häsch Pizza im Horchlappe?, Häsch Schüblig i de Ohre?, Häsch Tomate uf de Ohre?, Nimm d Stöpsel use!, S Lose macht der meini Müeh!

Ich weiss es Giovanni-scho-lang-i-de-Schwiiz, Giovanni-scho-weiss

Ich weiss es nicht Es isch mer grad entfale, Frög mi öppis Liechters, Frög öpper anders, Ich-andere-Baustelle, Ich han kein blasse Schimmer, Ich han kein Blasse

Immer bin ich schuld! De Tumm isch immer de Schöberli!, Ich bi immer de Tubel im Umzug!, Ich bin immer de Schällegaggli!, Jetzt bin ich wider de Böli-Maa!

immer wieder all Hänne-Schiss, all zwee Minute, allpott, öppe nomal

Jetzt reicht s! Es gnüegelet!, Es langet!, Es tuet s!, Finito!, capito? (ital.), Häsch de letscht Zwick a de Geissle!, Jetz isch de Ofe uus!, Jetz isch fertig luschtig!, Jetz isch fertig Schnätz!, Jetz muesch höre!, Jetzt isch gnueg Heu dune!, Schluss – Aus – Amen!

Kompromiss en Kompromischt (ein fauler Kompromiss)

Mach Platz! Da cha mer na stungge!, Es hät na gnueg Platz für en Schlanke wie mich!, Hät s no es Eggli?, Lupf de Gugelhupf!, Mach Platz, Kafisatz!, Rutsch e chli!, Trucked no e chli!, Uufschlüüsse!, Zämerutsche git warm!

manchmal amel, amigs, mängisch, öppe mal, öppedie

Nein danke hä-ä, Tanke für Obscht, Tanke für Obscht – han Süüdfrücht im Chäller

Nimm s! Griif s!, Heb!, Nimm s id Händsche!, Pack s!, Sä!, Seda!

Pech haben e Pächmarie sii, id Schiissi lange, iiluege

Redensarten (Small Talk) Alli Affe gaffed (wenn alle zuschauen), Bi de Riiche leersch spare, Bin ich dir uf d Hüehnerauge gstande? (Wenn man jemanden auf seinen wunden Punkt anspricht), Bubi spile, Bubi gsund (zu einem Kindskopf), Chasch en füechte Händedruck haa (ironisches Angebot einer Gegenleistung), Chasch ja au nöd de Grossvater d Stäge duruf jage (wenn jemand etwas Altes überbelastet), Chasch ja s Naastuech fürenäh (fang nicht an zu heulen), Chumi hüt nöd, chumi morn!, Chumm wider, wänn d chasch graad seiche (du bist noch zu jung), Da chasch ja grad es Ross aabinde (überdimensionierte Befestigung), Da litzt s dir grad d Socke abe (bei scharfem Essen), da zieht s der grad s Hämp hine ine (bei scharfem Essen), Das wott ich nöd vor Tür gschisse haa (das will ich nicht haben), De frisst mir zur Hand uus (den habe ich gefügig gemacht), De Gschiider git nah – de Esel bliibt stah (der Klügere gibt nach), Du bringsch mi uf d Boim! (wenn jemand nervt), Du chunsch no uf d Wält (du wirst es einsehen), Du lachsch no über dini eigeti Tummheit (wenn jemand immer lacht), Du, muesch emal as Telefon (wenn jemand etwas Langweiliges erzählt), DVD – Dütsch vür du (als Antwort auf eine grammatikalische Fehlleistung), Ei Wöhli! (mir ist wohl), Es hät kein Zeiger dra (genervte Antwort auf die Aufforderung, etwas herzuzeigen), Händ ihr Seck dehei? (wenn jemand die Türe nicht schliesst), Häsch en Stei vor de Hööli? (wenn jemand die Haustür offen lässt), Häsch es Froideli? (wenn jemand etwas Unangenehmes nicht lassen kann), Häsch Ferie-Stimmig? (Zuruf, wenn jemand es locker nimmt), Häsch Fuessgruch? Dänn mach s Muul zue! (Frage an jemanden, der stinkt), Hesch? (Weisst du?), Ich bi doch nöd de Pestalozzi! (Ich kann nicht immer nur geben), Ich bin nöd din Giovanni (du kannst es selber machen), Ich chan au nöd meh als mache (dräng mich nicht so), Ich gseh s nöd, de Zeiger isch druff (Antwort auf Frage nach der Uhrzeit), Iibildig isch na lang kei Bildig!, Isch din Vater Glaser? (wenn jemand in der Sicht steht), Jetz mached mir Negel mit Chöpf (wir vereinbaren etwas verbindlich), Jetz gang i hei die Alt go cheere, dass sie nöd eisiitig fuulet (wenn ein Mann über Mittag nach Hause geht, um seine Frau zu überwachen), Jetz häsch de Dräck (jetzt hast du das Problem), Jetz muesch aber die groosse Schueh aalegge (du hast eine Dummheit gemacht), Lappi, mach d Auge uuf (pass auf), Mach es Sätzli (wenn jemand sich undeutlich ausdrückt), Mer sött ihm links und rächts… en Foifliber in Hosesack trucke (wenn jemand ein Lob erwartet), Mit dem häsch s Gschänk (mit dem hast du Probleme), Mit Gwalt chasch au enere Chueh de Schwanz uusriisse (bei übermässiger Gewaltanwendung), Muesch nüüt la gheje, es wachst nüüt (wenn jemand etwas fallen lässt), Nei tanke – ich han au Sackgebühre (Antwort auf ein unerwünschtes Geschenk), Nöd säje, es wachst ja sowiso nöd (wenn jemand etwas fallen lässt), Oder? Chueh oder Pflodder?, S letschti Hämp hät e kei Täsche (man kann nichts ins Grab mitnehmen), S nächscht Mal rüer ich dir en Stei in Garte (Kompensation für einen Gefallen), Samichlaus, lupf de Huet, d Fuuscht id Schnure tuet der guet (Spruch für Samichlaus), Soihäfeli – Soiteckeli (Vetterliwirtschaft), Tanke händ s gseit, wo mer Gäld nonig kännt hät (Antwort eines Schenkenden auf den Dank des Beschenkten), Umegäh gilt! (Gib mir das Geborgte wieder zurück), Und z Peking isch es Velo umgheijt! (Antwort auf etwas Uninteressantes), Us em Lächli git s es Bächli (wenn jemand immer lacht), Vo dem han i nonig gfrässe (Antwort eines Schenkenden auf den Dank des Beschenkten), Wänn de Draht laat (genervte Antwort auf die Frage: Wann erledigst du das?)

Ruf mich an! Biim mir e Messitsch übere (engl. message), Gib mer es Foun, Gib mer es Telifon, Gib mir mal en Schall, Gisch mer en Chnoche?, Gisch mer en Funk?, Heiz mer en Ton übere!, Lüüt mer doch aa, Mach mer en Klingel, Schieb emal es Foun übere (engl. phone), Tue mal es Foun durebrösmele (engl. phone)

sei es, wie es ist jä nu so dänn, s isch halt eso, segs wis well, so isch es halt

sicher nicht allwääg, Chabis, Ehrewort nöd, es hundertprozäntigs Nei, es Nougou (engl. no go), nie im Läbe, nöd i hundert Jahr, Vergiss de, Verzell du das am Fährimaa, Verzell du das em Böölimaa

sofort, zügig gleitig, hantli, presto (ital.), schlegelawegge, subito

Tatsächlich? Ächt?, Bigoscht!, Du seisch!, Erscht no!, Goppel!, Jä meinsch?, Potzheidebritsch!, Säg au!, Säg emal!, So öppis!, Würkli, Frau Bürkli?

unbedingt ghaue oder gstoche, ums Tööde, ums Verrecke, ums Verrode, ums Verwurge

und so weiter etcetera-pe-pe, Pi-Pa-Po

ungefähr eso pluminu (Plusminus), Handglänk mal Pi, öppe, s chunnt öppe ane

unverständliche Sprache es Chuder-Wälsch

Viel Glück! Das wird scho schief gah, Hals- und Beibruch!, Heb d Ohre stiif, Holz- und Beibruch!, Ich truck der de Tuume!, Toi-toi-toi

War das deine Idee? Isch das uf dim Mischt gwachse?

Was um alles in der Welt... ? Was de Gugger... ?, Was de Herrgott... ?, Was isch jetzt wider... ?

Weisst du es nicht? Häsch en Süüleplatz gha?, Häsch grad en geischtige Nulldurchgang?, Häsch wider emal null Aahnig?, Staht der grad öpper zünftig uf de Leitig?

Wetter am Schärme (im Trockenen), Bisi-Wätter (schlechtes Wetter), Chopfweh-Wätter (bei Föhn), d Seegfrörni (wenn der Zürichsee gefriert), de Bisiwind, e Affechelti (sehr kalt), e lendi Milchsuppe (starker Nebel), en Blaascht (Gewitter), es chuelet (sinkende Temperaturen), es chunnt no cho blaaschte (es gibt ein Gewitter), es chuutet (es stürmt/ schneit/windet), es haglet Chatze, es Huddelwätter (schlechtes Wetter), es hudlet und chuutet (Sturm mit Regen oder Schnee), furz-troche (lange Trockenperiode), Ghick (Eiskristalle an Bäumen), näblig (neblig), Riife (Reif), s isch wachsig Wätter (Sonne und Regen), Schääfli-Wulche (kleine Wolken), schlifrig (eisig), tüppig (schwül), überschiinig (bedeckt, aber hell)

Wie spät ist es? Viertel ab Tünnschiisser – wänn s tick wird, chasch abbisse! (genervte Antwort auf die Frage nach der Uhrzeit), Wie spat hämmer?, Wie vill Bölle isch?, Wie vill Chile isch?, Wie vill Giige isch?, Wie vill isch?, Ziit zum e Uhr chaufe! (genervte Antwort auf die Frage nach der Zeit)

zu spät besser z spat als nie, du chunsch no z spat in Himmel, hinedrii wie d Chile-Uhr, z schpoing

Zum Abschied Abtuube, Kamarade!, Adie und furt, Adios, Au réservoir (franz. au revoir), Au revoir au pissoir, Bhüet di, Bis bald, Bliib flockig, Chömed glii wider, Chömed guet hei!, Chumm guet under s Tram, Das isch s gsi mit Tricks und Gäggs – tschau zäme, En Gruess dihei und en Furz id Chuchi, En Schöne, Es isch schön, dass d choo bisch, isch aber no schöner dass d wieder gaasch, Gang mit Gott – aber gang, Gang mit Gott oder suscht emene alte Maa, Heb en Schöne (aber nöd miine), Hüss, Ich gang go Chüssi-lose (schlafen), Ich hau s, Ich mach de Fisch, Ich zieh sie, Iss Gummi und verzieh di!, Jetz wird s gliich no en glatte Aabig (jetz, wo du gahsch), Mach kei Landschade, Mach s guet – lupf de Huet!, Mach s guet, Me gseht sich, Pfüeti, Schöööneeee, Sii juu (engl. see you), Tankeadiemessi, Tschäse, Tschau, Tschau Sau, Tschö, Tschögensen, Tschou, Tschüddeldüü, Tschüddelfüddel, Tschühüü, Tschus, Tschüse, Tschüsli, Tschüssel, Tschüssi, Tschüüü, Uf es anders Mal!, Uf Pfluderwiege, Uf Widergüx, Uf Wider-Lugano, Vinke talmal und uf Luderwiege, Wetsch no en Öpfel für uf de Heiweg? (wenn jemand nicht gehen will)

Zur Begrüssung Aloha, Ehi, Gott grüess di, Griezn, Gruess, Grüezi, Grüeziwohl, Frau Bluemechohl, Guete Tag, Gartehaag, Gugus, Guguuseli, Halä, Haletti, Halli-Hallo, Hallöle, Hei (engl. hi), Helau, Hoi, Huhu, John Porno (Umkehrung von ital. buongiorno), Kuckuck, Ou nei!, Salä, Saletti, Saletti Babettli, Saletti Spaghetti, Sali, Sali-mit-de-Hand (statt Sali mitenand), Salü (franz. salut), Saluti, Salve, Servus, Tschäse, Tschäse-Bäse, Tschäsnmäsn, Tschau Bäse, Tscheesen, Tschou, Uhu

Heb de Latz!
Sei ruhig!

STREIT

Angst haben d Schlüüch voll haa, de Gagg i de Hose haa, s Arschflattere haa, s Herzflattere haa, s Muffesuuse haa, Schiss haa, zittere wie Eschpe-Laub (Espenblätter)

Beruhige dich! Bliib gräämig!, Bliib gschmeidig!, Chum obenabe!, Entspann di!, Fahr wieder abe!, Gaaanz ruig!, Hänk ap!, He, iisi! (engl. easy), Heb de Bölle flach!, Heeee, ganz ruuuuig!, Hör au uuf Stei rüere!, Hör uuf ruedere, bisch uf em Sand!, Iisi, Baby! (engl. easy, baby), Immer locker bliibe!, Lässig bliibe!, Mach di nöd verruckt!, Mach kei Chilbi!, Mach kei Kumedi!, Mach kei Schnäggetänz!, Mach kei Tänz!, Mach kein Uufstand!, Mach keis Büro uuf!, Mach keis Lamento!, Mach keis Theater, Morn gseht alles andersch uus!, Nimm e Tuschi, aber e chalti!, Nimm es Zäpfli!, Nimm s leschär! (franz. légère), Nimm s locker!, Reg di ap!, Riläx! (engl. to relax), Schlaaf emal drüber!, Tschill di! (engl. to chill), Tuen mal chli tschilliere!

betrügen abriisse, abzogge, am Seil abe laah, as Bei brünzle, bschiisse, d Hose abelaah, en Bääre uufbinde, en Bschiss ablah, en Seich aaträje, filze, hindergaa, inelegge, ineliime, lingge, mogle, nüssle, öpperem e langi Nase mache, s öpperem dräckig mache, schlitze, spicke (in der Schule), über d Bettkante zieh, über de Tisch zieh, über s Näscht inezieh, verarsche, verseckle

Bodyguard en Chugelfang, en Gorilla, en Securitässler

Das nervt! Da chunnt mer ja s chalti Chotze!, Da chunnt mir de Zmorge bald retour!, Da chunnt mir s chalte Göble!, Das belaschtet mi!, Das bringt mi na um de Verstand!, Das fahrt mer schlächt ii!, Das gaht mer uf de Sack!, Das isch en fertige Kack!, Das isch en fertige Sämf! Das isch z vill!, Das isch zum Chind überchoo!, Das isch zum Haaröl seiche!, Das isch zum Stei biisse!, Das isch zum Träne furze!, Das jagt mir de Nuggi use!, Das macht mi fertig!, Es figgt mi aa!, Es pisst mir as Bei!, Es schiisst mi aa!, Es stresst mi!, Fäggs mi Gulo!, Ich chumm jetzt dänn e ganzi Volière über!, Ich chumm no Flöh über!, Ich chumm Vögel über!, Ich han au nur Nerve!, So schaad!

den Hintern versohlen de Arsch versole, Füdlitätsch gäh, über s Chnüü näh, ufs Füdli gäh

Du bist ein Idiot! Du ghüüslete Siech!, Du häsch d Jagge verchehrt aa – de Arsch mues une useluege!, Du häsch en Flick ap, grüösser als s Titanic-Loch!, Du häsch es Gsicht wie en Füürmälder – so richtig zum Driischlaa!, Laa d Hose abe, dänn gibi der en Ohrfiige!, Mach chlinneri Schritt, es fischelet!, Muesch nöd meine, segsch es Chrüüzworträtsel, nume will d a jedem Egge es Fragezeiche häsch!, Wänn ich dis Gsicht gseh, dänn bin ich mit mim Füdli ganz zfride!, Wänn ich en Hund hett mit dim Gsicht, würd ich ihm de Arsch rasiere!, Wänn Tummheit chlii wär, chöntsch du mit Stelze under em Teppich durelaufe!

Du kannst mich mal! Blaas mer bald Fädere!, Chasch mer ad Chlööte hange!, Chasch mer an Ranze hange!, Chasch mer blööterle!, Chasch mer chrüüzwiis!, Chasch mir id Chappe jodle!, Chasch mer id Chappe schiisse!, Chasch mer id Schueh blaase!, Chasch mer is Füdli blaase!, Chasch mi filme!, Chasch mi fötele!, Chasch mi gern haa!, Chasch mer ad Dattle hange!, Chasch mer ad Eier hange!, Chasch mer an Ranze hange!, Fahr mer ap!, Figg di is Chnüü!, Läck mer am Gnick!, Läck mer am Nuggi!, Läck mer doch am Tschööpli!, Läck mini Hode!, Rutsch mer doch de Puggel ap!

Du spinnst! Bi dir hät de Lieb Gott zweimal i d Füdli-Chischte glanget!, Bisch en Spinncheib!, Bisch voll näb de Schueh!, Du bisch au meh geschter als morn!, Du bisch mer en Spinnhafe!, Du häsch es Hirni wie-n-en Ochsner-Chübel!, Du häsch ja en Wäb-Fähler!, Du häsch ja s Porzellan-Syndrom! (nicht alle Tassen im Schrank), Du häsch nöd all Hamschter im Ränne!, Ein IQ-Punkt weniger – und d Foti-Synthese fangt aa!, Ein IQ-Punkt weniger – und du wärsch en Stei!, Eine vo eus zwei isch tümmer als ich!, Für dich lömmer s gääl Wägeli la choo! (Einlieferung in psych. Klinik), Gsehsch uus wie-n-es warms Joghurt!, Jetz hät s der d Sicherig putzt!, Jetz bisch total dure bi Rot!, Jetz isch nüme guet!, Stahsch im Schilf!, Suuf doch no meh!, Tue nöd tümmer, als d bisch!, Wänn Blödheit würdi velofahre, müesstisch de Gotthard deruuf brämse!

explodieren abgah wie-n-e Rageete, de verchlöpft s – en Knallfrosch isch en Dräck degäge, es chlöpft und tätscht, es hätt Püff gmacht, es knallt, es tätscht, es verbutzt mi, es verjagt s, es verjättet s, jetzt hät s d Sicherig usegjagt

flüchten, davonrennen abdüüse, abseckle, abtuube, ap wie de Tüüfel, d Wiiti näh, de Blind näh, devo gah wie-n-en Schnällzug, devo hase, devo semmele, devo springe, gschnäll wie s Bisi-Wätter, hagle, me chönnt meine, er heg e Rageete im Füdli, schiebe, tifig, use und furt, gisch was häsch

Fluchwörter gopfertami, gopferteckel, gopferteli, gopfer-tori, gopfridli, gopfridstutz, goppeletti, heiligi Muetter Got-tes – im Ankehafe Gsottes!, heitere Fahne, Herrgott Milli-one,Herrjehmineh–FrauPortmonee!,Himmel-Herrgott-Sack!, hogarisi (Hode-Gamelle-Rieme-Siech), Huere-Siech-nomal, Pfiiffe-Teckel, Sack Zemänt, sternebütschgi, sternefoifi, sternesibni, Sternlein nonemal, um Himmels-Herdöpfels-Wille

Fusstritt en Gingg, en Schueh in Arsch, en Tschuut in Arsch

hänseln aabumse, aafigge, aazünde, di lang Nase mache, foppe, föpple, fuxe, piesacke, zoikle, zoisle, züüsle

Hau ab! Ab uf d Boim!, Abfahre!, Abfahre, mini Bou-Stell!, B.W.S. (beid Wäg seckle) – aber O.B.T. (ohni blöd tue)!, Biim di wägg! (engl. to beam), Bisch vorig!, Butz di!, Chasch di verbrösmele!, Chasch grad wider zrugg uf Schmerike gah!, Chasch uf em Absatz cheert mache!, Chumm, mach en Satz!, Deet hät de Zimmermaa s Loch gmacht!, Dich han i s letscht Mal gseh!, Du häsch da nüüt z sueche!, Fahr ap!, Fahr in See!, Figg di wägg!, Frappé! (Abk. von fahr ap, ey), Furt mit Schade!, Gang doch goge Crème heble!, Gang go fische!, Gang is Pfäfferland!, Gang mer us de n Auge!, Gib Gummi!, Gwünn Land!, Husch-husch is Chörbli!, Ich jag di zum Tämpel uus!, Kusch di!, Lah mi elei!, Lah mi in Fride!, Lah mi in Rueh!, Lah mi zfride!, Lueg, dass d Land günnsch!, Lueg, dass d Wind id Sägel überchunnsch!, Mach d Chnüü chrumm!, Mach d Türe vo usse zue!, Mach de Fisch!, Mach de Teer heiss!, Mach di flockig!, Mach di flüssig!, Mach di tünn!, Mach di uf d Socke!, Mach di unsichtbar!, Mach di vom Acher!, Mach di z gumpe!, Mach e Flüüge!, Mach en Abgang!, Mach en Strich i d Landschaft!, Mach, dass d furt chunnsch!, Mach, dass d mer us de Auge chunnsch!, Nimm de Bäse und hau s!, Nimm di Hindere füre!, Pack de Püntel!, Pfiiff di!, Schieb ap!, Schliich di!, Schnapp ap!, Söll der Bei mache?, Subtrahier di!, Troll di!, Tuub ap!, Uf dich chömmer verzichte!, Verdünnisier dich!, Verpiss di!, Verreis!, Verzieh di!, Zäpf di!, Zieh Fäde!, Zieh Leine!, Zieh si!, Zieh-n-en!, Zisch di!, Zupf en!

Hör auf! Mach mi nöd müed!, Mach mi nöd ranzig!, Mach mi nöd schwach!, Riiss mer nöd de letscht Nerv uus!

jemanden fertigmachen abechaufe, abefrääse, abemache, absaage, bodige, disse, fickuliere, hasle, kabutt mache, nüssle, plaage, schliisse, verheize, vertschirgge, zur Sou mache

Knall en Chlapf, en Pfiff-Paff-Puff, en Tätsch, es Detonazi-önli

kneifen chlämme, chlüübe

Pass auf, sonst knallt s! Chasch di uf öppis gfasst mache!, Dir wird i öppis hueschte!, Heb acht, susch chlefelet s!, Heb d Bagge ane!, Nimm di zäme, susch räblet s!, Pass uuf, susch chlöpft s im Schiibestand!, Pass uuf, susch räblet s!, Schmöcksch die Fuuscht?, Schmöcksch, wie s töötelet?, Wotsch d Fuuscht id Schnurre?, Wotsch di Verchehrti? (die Rückseite der Hand), Wotsch eis ad Möscht?, Wotsch jetzt grad eis?!, Wotsch Sternli gseh?

schimpfen, beschimpfen aabäägge, aafigge, aamotze, aapfiiffe, aapfurre, aaröötze, aaseiche, abefahre, betoniere, de Tarif dure gäh, en tumme Latz haa, es Tunnerwätter ablah, hüppere (von hyperventilieren), motze, öpper tusche, pfuttere, Schlötterlig aahänke, sidiane, sirrache, zämeschiisse, zämestuuche

Schimpfwörter das isch min Spezial-Fründ, de chasch rauche, de hät en Grind wie-n-e VW-Türe – so richtig zum driigingge (vom Caberet Rotstift), de hät en Kiosk a de Eiger-Nordwand, de isch zum Abwinke, de Käptn Hirni, de Korporal Pissnelke, Dräcksou, e abgfiggeti Randsteigurke, e Arsch-Chappe, e Arschgiige, e müedi Tablette, e Nilpe, e Rülps-Tüüte, e Trotüüle, e trüebi Tasse, e truurigi Made, e Winde (ein Spinner), en analgschaltete Gwaggli, en Ärbse-Zeller (Pedant), en Armlüüchter, en Arsch mit Ohre, en

Arschfigger, en Bediente, en Betong-Grind, en Bireweiche, en Birewixer, en chalte Pfoschte, en Chopf wie-n-e Berghütte – höch obe und primitiv iigrichtet, en Chotzbrocke, en Chübelbumser, en Dämlack, en Depp, en Docht, en Durchschnitts-Basler, en Eichle-Wixer, en Ein-Zäller, en Fötzel, en FU (engl. fuck you), en Füechter, en Furzgrind, en Futzeschläcker, en Futztubel, en Gaageli, en Gaggalaari, en Gaggalööri, en Galööri, en Ghirn-Amputierte, en Ghüdersack, en Globivogel, en Glöggliböögg, en Glögglifrosch, en Gloon (engl. clown), en Halbränner, en Halbschueh, en Hänger, en Hirnipicker, en Huerebueb, en Joggechopf, en Laatschi, en Laferi, en Lappi, en lätzgfäderete lützelhübsche Zwasli, en Lööli, en Lulatsch, en Lumpe-Seckel, en Lumpi, en Madesack, en Mongo, en Nuller, en Ohnibrainy (engl. brain), en Pavian, en Penner, en Pflock (unsensibel), en Pickte, en Pinggel, en Pinsel, en Piss-Chopf, en Quantefurz, en rückwärtskätschete Plattfuess-Indianer, en Schafseckel, en Schibi (Steigerung von Schickimicki), en Schlammsack, en Schnäbi-Chätscher, en Schnäbizägg, en Schnösel (eingebildet), en Seckelpeter, en Seckeltrümmeler, en slöde Bleckel, en Sou-Hund, en Sou-Niggel, en Spasti (ungeschickt), en Sumablösi (en supermaximale blöde Siech), en Teetrinker, en Tirggel, en Toore-Bueb, en Tootechopf, en Troopechopf, en Trooschtpriis, en Tschiber, en Tschumpel, en Tubel, en tumme Ziegel, en umegstülpte Rossfutz, en Volltubel, en Voorige, en Wäbfähler, en Wäbstübler, en Zipfelklatscher, en Zleidwerchi-Cheib, es 24-karätigs Arschloch, es Arschgsicht, es fertigs Bütschgi, es geischtigs Bsetzt-Zeiche, es Gnick, es Grille-Hirni, es Gsicht, es Hirni, es Mondchalb, es Möngi, es Pausezeiche, es Proté (Uhren), es Reserverad (überflüssig), es Rialo (Riesen-Arschloch), es Riise-W, es Tulpefoifi (vom Jassen/Schälle-Sächsi)

Schimpfwörter für Frauen 90-60-90 – und s anderi Bei au (dicke Beine), d Dorf-Madratze, die hät Haar uf de Zäh (bissig), die hät Kitt uf em Grind (aufgetakelt), die würdi nöd mal für en Violette küsse (nicht für 1000.-), e abtakleti Fregatte, e Baabe, e Biiss-Zange (streitlustig), e Chläbluus (anhänglich), e Chlee-Chueh (dumm), e Chlette (anhänglich), e Chratzbürschte (bissig), e Drama-Kwiin (engl. queen, für ein hysterisches Weib), e falschi Moore,e fuuli Trucke (faul), e Gääggi-Tante (klagend), e Garette,e Giftschlüüdere, e Greta Garbo Volks-Uusgab (affektiert), e Griite, e Jammer-Tante, e Lämpe-Chatz (streitlustig), e Lüügimoore (Lügnerin), e Märlitante (Lügnerin), e Näbel-Chräje, e Pflättere (dick), e Pfluute (träge), e Plauder-Täsche, e Qualle, e Schlitzgiige, e Schlüüdere, e Schmuttere (dick), e Schnadehude (grässlich), e Schnäppere, e Schreck-Schruube (hässlich), e Schüüssbuude-Figur (etwas billig), e Schwoof-Griite (tanzt gerne), e Steckdose (leicht zu kriegen), e Suurbräme (bösartig), e Trottoirmischig, e Tschäppere, e Tschättere, e tummi Scheese, e Turbo-Luftmadratze (leicht zu kriegen), e Waagrächti (leicht zu kriegen), e wüeschti Qualle, e Zimmerlinde, e Zwätschge, eini wo sich hinder eme Laternepfahl cha verstecke (mager), en Bäse, en Butztüüfel, en Chotz-Pfoschte (schlecht geschminkt), en Chuchibäse, en frisierte Rase-Mäjer (aufgetakelt), en grausame Gaul, en Rumpelfutz, en Scham-Lumpe (uralt), en Schletzfutz, en Schruube-Dampfer, en Spiise (mager), en Totsch, e Uusrangschierti, en Wanderpokal (leicht zu kriegen), es Beeri, es Bütschgi, es Chlöpfschiit (bösartig), es Chrusel-Beeri (mit Dauerwellen), es Guetzli, es Gutschi (Modeopfer, nach der Marke Gucci), es Gwehr (hässlich), es Huscheli (unterwürfig), es Hutschel-Wiibli, es Lisi, es Rääf (bissig), es Riib-Ise (bösartig), es Rugge-Tigerli (leicht zu kriegen), es Schmink-Trückli (stark geschminkt), es Schnälliknälli, es Sumpf-Huehn (oft im Ausgang), es Trampel-Lisi, es Troche-Dock (schwierig zu kriegen), es Tschigg (engl. chicken), es Tschigi (engl. chicken), es Tüpfi, es Tussi (dümmlich), es warms Loch, es Wyb, rächt grüümig (vollschlank)

Schimpfwörter für Männer de chasch mer in Salat ine schnätzle (unattraktiv), de chönntsch mer um de Buuch umebinde und s chämt mer nüüt dezue in Sinn, de wetti nöd vor d Türe gschisse, e fertigi Pfiiffe (Nichtsnutz), e Gaggi-Maschine, e Pissnelke, e Riise-Briide (Nichtsnutz), en Abhauer (immer neue Frauen), en blöde Döödel, en Bünzli (Spiesser), en Chlaus, en Chnuuschti (komischer Kauz), en chronische Linggswixer, en Don Senilo, en Fräss-Cheib, en Fü-Bü (Füdli-Bürger), en Furz i de Laterne, en Fuzzy, en Galööri, en Glünggi (unzuverlässig), en Gnappi (alt), en Gromafudusi (en grosse, magere, fuule, tumme Siech), en Gwaggli (Trottel), en Habbasch (Halunke), en Hagestolz (Junggeselle), en halbe Gauner, en Heinrich Gasserich (oft im Ausgang), en Hinderrüggsler, en Holzhacker, en Hoselotteri (Nichtsnutz), en Joggel, en Knorrli (alt), en Laggaff (Snob), en Lämpe-Gai (streitlustig, engl. guy), en Latschi, en Lusche (undurchsichtig), en Luschi (unzuverlässig), en Macker (Macho), en Mongo-Willi, en

Mööggi-Hund, en Munggi (sagt nichts), en Nörgeli (kritisiert immer), en nüütige Siech (unbrauchbar), en Pandur (Schelm), en Pascha (lässt sich bedienen), en Pfäffer-Sack, en Pfahl (emotionslos), en Pflock (emotionslos), en Pflootsch-Gai (engl. guy), en Schaf-... seeleguete Mänsch, en Schangli, en Schifer, en Schiffbock, en Schiiss-Gai (engl. guy), en Schlufi (leicht verbrecherisch), en Sek... undarlehrer (von Seckel), en Soifeblöterler, en Stinksocke (schlecht gelaunt), en Striizzi (streitsüchtig), en Teigg-Aff, en Torebueb (Dummkopf), en Tschooli, en Tschumpelhund, en tumme Hagel, en Umefurzi (oft im Ausgang), en Verschütt-Gai (engl. guy), en vertruckte Siech, en Vollgloon (engl. clown), en Vorstadt-Casanova (Provinzler), en Wegge, en Zigüüner (rastlos), es Mamma-Titti (Muttersöhnchen), scharmant wie-n-en Tole-Teckel (uncharmant)

Schlägerei d Schnudernase butze, e Balgerei, e Balgete, e Boxete, e Chlopfete, e Chrage-Arbet (Ausdruck aus dem Tösstal), e Hauete, e Rammlete, e Schlegi, e Schleglete, e Schletzete, e Schwarterei, e Tuggete, en Hoselupf

Sei ruhig! Chasch d Zäh wider inenäh, es hät kei Nüssli meh!, Gib Fride!, Gib Rueh!, Halt de Rand!, Heb d Frässi!, Heb d Klappe!, Heb d Lippe!, Heb d Schnurre!, Heb de Lade!, Heb de Laller!, Heb de Latz!, Heb de Schlitte!, Heb din Underchifer still!, Heb s Gätzi zue!, Heb s Muul zue!, Hör uf mit dem Gliir! (das Geleier), Hör uuf liire!, Hör uuf, mir d Bire z fülle!, Kännsch eine (wo s intressiert)?, Loch zue, es zieht!, Luegsch – z mahl fählsch!, Mach e Kassette devoo, ich rüer der si dänn furt!, Mach s Muul zue, s zieht!, Quatsch mer keis Loch in Buuch!, Red mit minere Hand!, Rueh uf de billige Plätz!, Schnauze!, Schnauze, Fury! (aus der TV-Serie «Fury»), Schriib s doch em «Beobachter»!, Schruub de Luutsprächer abe!, Seich mer nöd is Ohr!, Silenzium!, Stille, stille, stille – d Chatze gönd id Chile!, Verzell du das am Fährimaa!, Verzell s de Fisch!, Verzell s de Straass!, Verzell s doch dim Chüelschrank!, Verzell s doch em Urs! (aus der ehem. Mediamarkt-Werbung), Wänn de Chueche redt, isch s Brösmeli ruhig!, Wayne? (Wen interessiert es?), Wo isch er – dä, wo s intressiert?, Wotsch 70 Rappe? Dänn chasch öppertem aalüüte, wo s intressiert!, Zerscht lifere, dänn lafere!

Spinnst du? Bisch di erschte füfzg Santimeter im Zoo uufgwachse?, Bisch eigentli lern-resischtänt?, Bisch gschöggelet?, Bisch nöd ganz bache?, Bisch nöd ganz buechet?, Bisch nöd ganz gschüttlet?, Bisch nöd ganz Hugo?, Bisch nöd ganz putzt?, Bisch psoffe?, Bisch vom Wahnsinn umzinglet?, Gaht s no?, Gaht s?, Häsch Chäs am Rugge?, Häsch chli eine?, Häsch d Vögel duss?, Häsch din Verstand verchauft?, Häsch Durzug im Hirni?, Häsch e chli eine?, Häsch e Fallmasche im Hirni?, Häsch e nassi Zündschnuer?, Häsch e Wand duss?, Häsch eine a de Schippe?, Häsch eine a de Waffle?, Häsch en Egge ap?, Häsch en Furz i der Bire?, Häsch en Hammer gfrässe?, Häsch en Iiswürfel im Föhn?, Häsch en Knall?, Häsch en Knick i de Fichte?, Häsch en Knick i de Linse (Hast du das nicht gesehen)?, Häsch en Schade?, Häsch en Schuss i de Bire?, Häsch en Sprung i de Feschtplatte?, Häsch en Sprung i de Schüssle?, Häsch en Tilt i der Schüssle?, Häsch en tote Frosch im Schueh?, Häsch en tote Vogel im Schueh?, Häsch es Brätt vor de Schiibe?, Häsch es Joghurt im Sack?, Häsch es Loch im Hirni?, Häsch es Rad ap?, Häsch es warms Joghurt im Hosesack?, Häsch Hirsch?, Häsch nöd all Nadle am Baum?, Häsch nöd all Tasse im Schrank?, Häsch nüme ali Eskimo uf em Schlitte?, Häsch Schüüb?, Häsch Tomate uf de Auge?, Hät s der id Chappe ghuupet?, Hät s der is Hirni gschisse?, Hät s der is Hirni zwitscheret?, Hät s der uf d Zündschnuer grägnet?, Hät s dir id Verdrahtig gschlage?, Hät s dir uf de Pinsel gwädlet?, Hät s dir uf de Seckel gschneit?, Hocksch uf de Leitig?, Huupet s?, Pfiift s im Gsicht?, Schliift s dir im Öpfel?, Schliift s?, Schöggelet s?, Stahsch im Tram?, Stahsch uf em Schluuch?, Was meinsch du als Usse-Stehende zum Thema Intelligenz?, Wele Teil vo «Nei» verstahsch gnau nöd?

streiten chääre, chifle, Chritz haa, en aagspannti Atmosphäre haa, Knaatsch haa, Lämpe haa, Mais haa, puffe, sich zoffe, Stunck haa, ticki Luft dehei haa, zangge, Zoff haa, Zöpf haa

tadeln, massregeln aaseiche, am Sack zeere, as Bei seiche, Benimmregle hueschte, d Chappe wäsche, d Chnöpf zue tue, d Eier poliere, d Kante hoble, d Marschrichtig zeige, d Meinig pfiiffe, d Näht iitue, d Poscht-Ornig duregäh, d Ventil iistelle, de Gummi schliife, de Rieme schliife, en Rüffel gäh, es chunnt es Bisiwätter, in Sänkel stelle, Maniere biibringe, mit schwärem Gschütz iifahre, Mores lehre, räsoniere (franz. raison), schimpfe, schurigle, zämeschiisse, zämestuuche, zeige, wo de Bartli de Moscht holt, zeige, wo Gott hockt, zrächtwiise

toben raschte, sich uufführe wie-n-en Muni imene Chriesihuufe, sich uuffüehre wie-n-en Stier, sirache, töbe, total näbed sich stah, uf hundertachzg obe sii, uusflippe, uusraschte, verruckt werde, wüete

trotzen de härti Grind fürechehre, de Zwäng-Grind fürechehre, en Chopf mache, öppis durestiere, toibele, trötzle

zuschlagen abedogge, abehacke, abehitte (engl. to hit), abespitze, abschwarte, betoniere, chlopfe, d Frässi poliere, d Frässi vernagle, d Ohrfiige-Büchs uufmache, d Wäje pflaschtere, de Grind verschlah, die vercheerti Hand gäh, driifätze, e Büchs Ohrfiige gäh, e Chopfnuss gäh (Hieb mit den Fingerknöcheln auf den Kopf), e Gsichtsmassaasch verabreiche, e Zah-Korrektur durefüehre, eini bache, eini butze, eini chläbe, eini hindere lade, eini pänggle, eini wüsche, eis ad Löffel gäh, eis as Chessi gäh, eis brätsche, eis fädere, eis fätze, eis flacke, eis hämmere, eis hinder d Ohre gäh, eis hinder d Chiime pulfere, eis hindere zieh, eis ine trucke, eis is Zifferblatt fädere, eis lade, eis lange, eis paniere, eis serviere, eis tätsche, eis tische, eis uf de Zwölfer gäh, eis ufs Muul zwicke, eis wäsche, eis zinggiere, en Chlapf ad Bire gäh, en Nasestüber gäh, en Russe-Tritt gäh (zwischen die Beine), en Satz heissi Ohre gäh, en Schwede-Chuss gäh (Kopfhieb Stirn gegen Stirn), en Site-Uuspuff verpasse, es Bewusstloserli verabreiche (auf den Brustkasten drücken), es chlöpft, es chömed foif Finger z flüüge, es isch Flättere-Wätter, es räblet, es ruuschet im Tannewald, fidle, grüen und blau schlaa, hitte (engl. to hit), ich hau dich blau, in Schwitz-Chaschte näh (dosiert würgen), jetz bollet s dänn, jetz git s Häbi, jetz tätscht s, laufsch i en Fadegrade ine, plötzlich wird s tunkel, puudere, s Cherzli schräg stelle, Schlegi gäh, uf d Schnitz gäh, verdogge, vertöffle, warmi Ohre verteile, zämebängle, zämetöffle

en Wadebiisser
Aussenverteidiger (Fussball)

SPORT

ausscheiden id Ränte gah, usefuule, usegheje

Autorennen es Ofe-Chroose

Damenriege es Chrampfadere-Gschwaader

das Letzte herausholen abstrample, schluuche, usechützle, uuswinde

Eishockey spielen bängle, chneble

eislaufen schliifschüehnle, schlipfisele

Faustball Puure-Tennis, Senile-Pingpong

Fussball bätzge, bueche (Tor schiessen), d Chluure (Ball), de Sack (Ball), de Sack zue mache (klares Resultat erzielen), de schwarzi Maa (Schiedsrichter), de Spiise inehebe (Tackling), e Bitschiggletta (Fallrückzieher, ital. bicicletta), e Chachle (Tor), e Penudle (Penalty), e Spitz-Guuge (unkontrollierter Schuss mit der Fuss-Spitze), eini inehänke (Tor schiessen), eini versänke (Tor schiessen), en Bölle-Frässer (einer, der nie abspielt), en Briefchaschte (Heber über den Torwart), en Fade (starker Schuss), en Flügelflitzer (Stürmer), en Flüüge-Fänger (schlechter Torwart), en Füdlipass (Fehlpass), en Hammer (starker Schuss), en Holzfuess (ungeschickter Fussballer), en Ise-Fuess (beinharter Spieler), en Schii-Schueh (schlechter Fussballer), en Schiissi-Trichter (Schiedsrichter), en Schiri (Schiedsrichter), en Topf (Tor), en Tschütteler (Fussballer), en Wadebiisser (Aussenverteidiger), es chachlet (ein Tor fällt), es Grümpi (Amateur-Turnier), es Stängeli (10:0-Sieg), es Tomätli (Prellung am Schienbein), fitze (reingrätschen), gigele, gingge, gümmele, kicke, säble (foulen), Töggeli-Schueh (Stollenschuhe), topfe (Tor schiessen), tschuute, une ine schliife (reingrätschen), usslah (umdribbeln), uus-chügele (ausspielen)

gewinnen abelaa, abruume, alt uusgseh laa, butze, erschte mache, güne, mir händ s gschlage, mir händ s möge, obenuus schwinge, öpper bodige, öpper versaage, siige

Golf Bonze-Böllele

Golfer en Green-Pisser, en Ii-Locher, en Stäckli-Fuessballer

Hornussen Puure-Tennis, Rueche-Golf

Kegeln, Bowling alli Nüüni (alle Neune), en Chranz (Acht von Neun), es Babeli (alle Neune), es Soili (alle Neune), guet Holz wünsche, iisarge (Spiel beim Kegeln)

Männerriege d Fuuschtball-Buebe, d Manne-Intriige, e Schii-Tote-Vereinigung, e Senilius-Gumpete, es Manne-Balett

Nordic Walking e Stock-Änte (weibl. Nordic Walkerin)

Orientierungslauf e Flüügepilz-Staffette, e Fötzeljagd, en OL

Polo Schollegumper-Hockey

rodeln en Bob mache (aneinander gehängte Schlitten), schlittle

schiessen en Karscht (Karabiner), en Schuss ablah, Härdöpfel setze (die Scheibe verfehlen)

schwimmen bädele, e Bombe (Sprung mit angezogenen Beinen), en Chöpfler (Kopfsprung ins Wasser), en Ränzler (Bauchlandung nach Kopfsprung), es Päckli (Sprung mit angezogenen Beinen), mit de Militärbadhose bade (nacktbaden), plantsche, schwaddere

Schwingen Alpe-Judo, en Hoselupf, Sagmähl-Tango, Schwiizer Sumo

skifahren d Spitz-Cheeri (180°-Wendung), e Buggelpischte (steile, hügelige Piste), säddere laa (laufen lassen), schiine, tänndle (mit den Skiern bergauf steigen), trättle (mit den Skiern bergauf steigen), wäddle (in kurzem Schwüngen fahren)

snowboarden boarde (engl. snowboard), brättle, bügel-brättle, chätsche, chibbe, jibbe, schneebrättle, schredde (engl. to shred), snööbe

Sportartikel Adihasch (Marke Adidas), La Kotz (Marke Lacoste)

Sportler d Alina (Alain Sutter, ehem. Fussballer), d Susi (Alain Sutter, ehem. Fussballer), de Köbeli Bürkliplatz (Kubilay Türkilmaz, ehem. Fussballer), de Schappi (Stéphane Chapuisat, ehem. Fussballer), de Tschäppi (Stéphane Chapuisat, ehem. Fussballer)

Sportreporter de Turnschueh (Bernard Thurnheer), de Vetter Wernerli (Werner Vetterli, ehem. Sportreporter)

Sportsendungen Sport am Knochenende (ehem. TV-Sendung SF)

Squash Gummi-Zälle-Tennis

Tischfussball chnöchele, en Töggelichaschte, jöggele, töggele, s Närve-Bölleli (Matchball)

Tischtennis en Schmätterball (Smash), es Möchtegern-Tennis, es Ping-Pong, schmättere (Smash)

Turn-Anlass es Turner-Chränzli

Überschlag en Bürzlibaum, en Purzelbaum

werfen iiloche, rüere, en Gruess schicke (Ball), schmättere (scharf), schucke, schüüsse, schwinge

es Tschippollata-Quintett
Hand

KÖRPER

After d Muffe, de Uuspuff, s Bäre-Aug, s bruun Ringli, s Bull-Aug, s Hindertüürli, s Rosettli, s Tüüfdruck-Ventil, s Ührli

Akne e Süüre, en Bagge-Berg, en Mitässer, en Püggel, en Truck-Hügel, en Vulkan im Gsicht, es Bibeli, es Liechtsignal

Augen Blinker, Chlure, Chnöpf (übermüdete Augen), Chriesi-Auge (schwarz), d Optik, es Vejeli (blaues Auge), Fänschterli, Glotzer, Glubscher, Guggerli, Lüscher, Öpfeli, Pöppel, Sterne

Augenringe Auge wie Schusswunde, Baumstämm unter de Auge, e Rännbahn um d Auge, Herr der Ringe, klöpfti Sicherige, Krater im Gsicht, olympischi Ring um d Auge, Täller, Vergnüegigs-Kurve, Winterpnöö im Gsicht

Bauchschmerzen Buuchgrimme, Buuchweh, Ranze-Goisse, Ranze-Pfiiffe, Ranze-Weh

Beine d Haxe, d Loif, d Scheiche, d Schine, d Stelze, d Transport-Höögge, de Underbou, Puure-Pföschte (dicke Beine), s Fahrgstell

Blase d Blaatere, s Geblääse

Blutkruste e Rife, e Rüfe

dicker Bauch e Gädder-Büüle, e Pauke, e Sänkbruscht, e Trummle, e Wampe, en Bier-Tumor, en Güggeli-Friedhof, en Pirelli, en Pnöö, en Ranze, en Schwümmring, en versänkte Buuchnabel, en Wanscht, e Wöschtrummle, es Heubüchli, es Michelin-Männli

eine Hand voll e Hampfle, es Füüschtli, es Hämpfeli

feuchte Aussprache Ich mues de Rägeschirm uufspanne – es tröpflet!

Finger d Chlüppli, d Chnödli (Fingergelenke), d Chräuel, d Erwerbs-Höögge, d Gicht-Höögge, d Griffel, d Griiferli, d Klööpe, d Tööpe, d Wix-Griffel, de Chueh-Nagel (schmerzende Fingernägel bei tiefen Temperaturen)

Fingergelenk es Chnödli

frieren fröschtle, Hüehnerhuut überchoo, mit de Zäh chlappere, schlottere, tschuddere

für die männliche Figur e Bohnestange (hager), e uufgstellti Packschnuer (gross und dünn), en aagleite Stäcke (dünn), en aagleiti Fischer-Ruete (gross und hager), en Apparillo (gross und breit), en Baum (gross und breit), en Chaschte (gross und breit), en Chäser (muskulös), en Chliine, Ticke, Zämegflickte (klein und dick), en Chraftmeier (stark), en Fätze (muskulös), en Gädderige (drahtig), en Mocke (dick), en Oberturner (muskulös), en Schwabbel (dick), en Schwinger (stämmig), en Spargeltarzan (dünn), en Spränzel (hager), en Strich i de Landschaft (gross und hager), en Stürchel (gross und hager), en vollgschissne Strumpf (dick), en Wurscht-Muni (dick), es Gstell (gross und hager), Huut und Chnoche (dünn)

für die weibliche Figur Bei bis an Bode abe (lange Beine), Bei wie-n-es Rehli – nöd so lang, aber so behaart!, e Bohnestange (gross und mager), e Fahnestange (mager), e Riise-Chischte (Becken), e Wurscht-Chueh (dick), e Zwei-Zimmer-Wohnig (grosses Becken), en Arsch wie-n-e Vierzimmer-Wohnig (dicker Po), en Arsch wie-n-es tuusigfränkigs Praliné, en Hungerturm (mager), en Panzer (dick), en Spiise (mager), en Strich i de Landschaft, en tapezierte Chnoche (mager), en uufgschtellti Packschnuer (mager), es BMW (Brätt mit Warze), es Füdeli wie-n-es Chrischtbaumchügeli, es Füdli wie-n-es Hürlimaa-Ross (dicker Po), es Füdli wie-n-es Tännstor, es gebärfreudigs Becki (breites Becken), es geils Relief (tolle Kurven), es guets Fahr-Gstell (tolle Figur), es Hamschter-Füdli, es krasses Chassis (tolle Figur), es Möbel, es Super-Gstell (tolle Figur), es Surfbrett (mager), Heissi Schine – wie gseht ächt de Bahnhof uus?, heissi Schine (Beine), Holz vor de Hütte (grosser Busen), Schine bis uf Rom (lange Beine), Stelze (Beine), uf das Becki chöntsch es Bier stelle (breites Becken)

Füsse Flosse, Laatsche, Paschteete, Quadrat-Laatsche (grosse Füsse), Scheiche, Schweiss-Propeller, Teigg-Chlopfer (Plattfüsse), Transportier-Häägge

Gebiss d Chiisgruebe, d Raffle, d Schublade, d Zwieback-frääsi, de Räche, de Töggelichaschte, s Ässzimmer, s Klavier, uf de Felge frässe (ohne Gebiss essen)

Gehirn d Harddisk, d Hirnwindige, d Nudle, de Gedanke-Tresor, s Hirni, s Oberstübli

Gesäss d Sitzflächi, de Blaas-Balg, de Gugelhupf, de Hinder, de Popo, de Südpol, de underschti Rugge, de Vollmond, e Chischte, en Arsch wie-n-e Vierzimmerwohnig (gross), s Achterdeck, s Duftorgan, s Fudi, s Füdli, s Polschter

Gesicht d Fiige, d Frässi, d Fritte, d Wisaasche (franz. visage), e Faxe (Grimasse), e Fratze (hässlich), en Lätsch (trauriges Gesicht), en Stolle-Pnöö (Pickelgesicht), en suure Stei (grimmiges Gesicht), es Zwänzg-ab-Achti-Muul (schlechte Laune), s Gätzi, s Gfräss, s Gsüün, s Zifferblatt

Glatze Bisch en Glatze-Cheib, Bruuchsch en längere Wöschlumpe?, de Intelligänz Platz mache, e Eier-Schliifi, e Fleisch-Chappe, e Flüüge-Landepischte, e Flüüge-Schliifi, e hööchi Stirne, e polierti Billiard-Chugle, en breite Mittelscheitel, en Helikopter-Landeplatz, en Panzer-Chehrplatz, en Räge-Sensor, en VW mit Schiebedach, er cha sich mit em Hirschläder strähle, er cha sich mit em Wöschlumpe strähle, es Cabi (Cabriolet), es langs Gsicht, es lueget scho de Karton füre (eine Glatze ist im Anzug), es lugget, es Schiebedach, es schöns Gsicht bruucht meh Platz, es Tiroler Chnüü, s Hirni bruucht meh Platz, s Waldsterbe (Haarausfall)

grosse Menschen e Bohnestange, e uufgschtängleti Packschnuer, em Heiland sis Bleistift, en aagleite Chleiderständer, en Doppelmeter, en Giraff, en Gromadusi (en grosse, magere, dumme Siech), en lange Lulatsch, en Lücht-Turm, en Riis, en Riis-Otto, en Rübezahl, en Wulchechratzer, es langs Eländ, es ufgstängelets Lölizüüg, Wie isch de Schneebricht?, Wie isch s Wätter bi dir obe?

Haare Chrüseli (kleine Locken), Chrusle (Locken), Chruut, d Fäde, d Matte, d Schaffhuuser Wulle (sehr dichte Haare), d Wule, da häts e Stäge drin (schlechter Haarschnitt), de Filz, e Friise (Frisur), e Fritte (Frisur), e Gretli-Frisur (Zöpfe um den Kopf), e Mähne (lange Haare), e Vokuhila-Frisur

61

(vorne kurz, hinten lang), en Afro-Look (Lockenkopf), en Düse-Jet (Frauenfrisur aus den 60ern), en Fluumer (Lockenkopf), en Irokese-Schnitt (wie ein Kamm), en Ross-Schwi (Ross-Schwanz), en Tschuderhoiel (ungekämmte Haare), en Zopf (lange Haare bei Mann), es Buebezoikerli (ins Gesicht gezupfte Haarsträhne), Haar wie öligi Butzfäde (Locken mit Pomade), Häsch e füechti Wohnig? (Frage an einen Grauhaarigen), s Gstrüpp, s Moos, s Stroh, Schnittlauch-Locke (glattes Haar), Stahlwulle (dichtes Haar)

Hand d Tööppe, d Wurschtfinger, e Chelle, e Chralle, e Flosse, e Pfoote, en Taape, en Verdienschts-Haagge, es Tschippollata-Quintett, s Finger-Beeri (Fingerkuppe), s Tööpli gäh (die Hand schütteln)

Haut d Huut, d Tapeete, mis Naturgwand

Hautverletzung e Blojele (blauer Fleck), e Brätschge ap, e Rife (Blutkruste), e Schramme, e Schürfig, en blaue Mose, en Chräbel, en Flärre ap, es uufgschürfts Chnüü

heiser de Cheischteri haa, de Chischteri haa, e Chrott im Hals haa, e Stimm wie-n-e roschtigi Schnurregiige, e Stimm wie-n-es roschtigs Gartetöörli, en ruuche Hals haa, Schmirgelpapier im Hals haa

Herz d Hydraulik, d Pumpi, de Motor

Herzinfarkt de Pumpeflatteri, e Herz-Baragge, en Cholbe-Frässer, en Lager-Schade, es hät d Hauptsicherig putzt, es hät ihn vom Stängeli ghaue, es Herz-Chriesi

in der Nase bohren böögge, Gold schürfe, grüble, Höhle-Forschig betriibe, i sich inegah und s Bescht us sich usehole, s Bööggetach butze

kämmen d Flöh use hole, d Glatze poliere, d Wäle trucke, e Scheitle trucke, strähle

kauen biisse, chätsche, choie, iispeichle, mümmele

keuchen chüüche, pruuschte, schwär schnuufe

kleine Verletzung es Auahli, es Bebeeli, es Bobooli, es Weh-Wehli

knien chnüündle

Kopf d Bimbe, d Bire, d Blaatere, d Büchs, d Büüle, d Grüebe, d Gürpse, d Hirnwindige, d Lampe, d Möve, d Mürpse, d Nuss, d Räbe, d Rüebe, d Schüssle, d Zentrale, de Bölli, de Chessel, de Grind, de Herdöpfel, de Näggel, de Nüschel, de Öpfel, de Püggel uf em Hals, de Schädel, de Speicher, de Täät (franz. la tête), de Tirggel, de Töggel, de Tötz, e hölzigi Guggummere (Holzkopf), es Nussi am Chopf (Beule), s Chlöpfschiit, s Chriesi, s Rüebli, s Schiit

Kopfschmerzen Bire-Figg, Bireweh, Grindweh, min Chessel süüdet, mini Räbe fuulet, mir brummt d Bimmbe, mir platzt d Blaattere, Tschäppi-Druck

krabbeln chräsme, chrüüche, schnaagge

kratzen chräble, chritze, d Fingernegel la rede, rubble

Mund d Brotlaube, d Frässi, d Fueterlucke, d Lafere, d Schnoigge, d Schnörre, d Schnuder-Brämsi, d Schnurre, d Schublade, d Zwiback-Fräsi, de Lade, de Latz, de Rüssel, de Schlitte, de Suppe-Schlitz, s Frässbrätt, s Muul, s Schnörrli

Mundgeruch de Schlammteckel isch offe, Hät dir e Chatz id Schnurre gschisse?, Kanalgas, Mundi, us em Muul stinke wie en Büffel us em Arsch, zum Schacht usestinke

murmeln munggele

Muskeln Muckis, Müüs, Oberärm wie Chüngelbüüch

Nackenstarre d Hals-Cheeri, en stiiffe Hals, es Äckegstabi

Nase d Schnupfgurke, de Bio-Fühler, de Böögger, de Bööggeturm, de Füürmälder, de Gsichts-Erker, de Haagge, de Nüschel, de Rotzhügel, de Staubsuuger, de Zingge, e Schnuder-Nase (laufende Nase), s Schmöck-Schiit, s Schnuderbeeri

Ohren chasch d Ohre inenäh, es hätt kei Wind, d Chabisbletter, d Flügel-Muettere, d Löffel, d Luuscher, d Ohre-Glanggerli (Ohrringe), d Sägel-Ohre (abstehende Ohren), de cha d Ohre uselitze zum brämse, de Windfang, e Radar-Station (abstehende Ohren)

reden, plaudern de Schnurrepfludderi haa, läärs Stroh dresche (Nonsens reden), lafere, liire, plodere, ploiderle, quatsche, s Muul i Bewegig setze, schnädere, schnörre, schnurre, schwafle, tschättere

Rothaariger de Dachstuehl brännt, de hät Roscht uf em Tach, de lüüchtet i de Nacht, e Roscht-Büüle, en Füürmälder, en Gfuchsete, en Rootfuchs, en Rootschopf, en Rüebli-Chopf, es Chupfer-Tach, es Füchsli, es Röötschi

schielen asymmetrischi Schiiwerfer haa, is Öpfelmues luege, schräg luege

schlafen abligge, am Chüssi lose, bache, chnurre, chrööse, d Auge uf Null stelle, d Auge zuetue, d Batterie usenäh, d Diräktübertägig us Bettehuuse lose, d Feischterläde schlüsse, d Ohrfalte bügle, en Nuck näh, en Schnurpf mache, es Blatt aazieh, es Chnüri montiere, es Chröösi riisse, es Döösi mache, es Liggi mache, es Nickerli mache, es Nunu mache, es Pfnätti mache, id Heia gah, in Chopf ine luege, is Chüssi chnurre, is Chüssi-Kino gah, knacke, mütze, nunele, pene, pfnätte, pfnuchse, pfuuse, ruebe, s isch Chörbli-Ziit, s Mützli zieh, s Nachtprogramm us Bettehuuse lose, schlööfle, sich us em Netz abmälde, Siesta mache, uf Bettehuuse go pfuuse, uf Öhrlike gah, uf s Ohr ligge

Schlaganfall en Birechlapf, en Motorschade, es Schlegli

schleichen düüsele, sich aaschliiche, täppele, umegeischtere, zechele (Zehe)

Schluckauf de Gluggsi, de Hitzgi, de Hitzgi-Hätzgi hinderem Haag

schnarchen Boim umtue (Bäume fällen), chrööse, luut useschlaafe, saage

Schnauz e Rotz-Brämsi, e Schänkel-Bürschte, en Bretscher, en Fideli-Räche, en Fotze-Strähl, en Gsichts-Fuz, en Orgasmotronic, en Porno-Balke, en Schamlippe-Blocher, en Schnuuz, es Suppe-Siib, es Teesieb

Schnupfen d Rüssel-Pescht, de Pfnüsel, de Schnuderi, de Schnupper

schreien, rufen brüele, brülle, chräje, d Gurgle wetze, en Goiss ablah, goisse, heepe, möögge, möögge wie-n-e gstochni Sou, röhre, schreje

Schuppen en Parmesan-Räge

Speichel d Spucki, de Goifer, de Sabber, de Spoitz, de Spudder, en Choder

spucken chodere, en Grüene lade, en Grüene zwüsched d Auge trucke, goifere, spoitze

sterben abchratze, abserble, abträtte, d Auge zue tue, d Radiesli vo une gseh, d Rüebli vo une aaluege, de letscht Schnuuf mache, de Löffel abgäh, de Schirm zue tue, de Würm de Läbesruum chlaue, i di geischtig Heimet gaa, iischlafe für immer, is Gras biisse, is Nirvana gah, s Gras vo une wachse gseh, s helle Liechtli gseh, s Holz-Pischama (Pijama) montiere, s letscht Mal warm schiisse, s viereggige Pischama aalegge, verräble, verrecke, zu de Ängeli gah

stottern staggele

weinen briegge, brüele, de Bäägg zrugghebe (die Tränen zurückhalten), di gross Entwässerig haa, es Tränli vertrucke, flenne, horne, hüüle, lätsche, Salz verlüüre

Zähne d Biisserli, d Hauerli, d Proffle, d Raffle, d Töggel, d Töggeli figle (Zähne putzen), d Vogese wüsche (Zähne putzen), d Wängge, de Gartehaag verusse haa (vorstehende Zähne), es Ross-Gebiss (vorstehende Zähne), uf der Terrasse habere (vorstehende Zähne), verusse ässe (vorstehende Zähne), Vorsprung uf de Chueche haa (vorstehende Zähne), Zäh wie-n-es abbrännts Walliser Dörfli (braune Zähne)

Zahnprothese d Adoptiv-Zää, die Dritte, e Schublade i de Schnurre, en Scherbe

Zahnspange e Schnee-Chette, en Blätzhaag, en Gartehaag

mit de Pellerine go tusche
Sex mit Kondom

LIEBESLEBEN

anbaggern, aufreissen aabaggere, aabiime, aabohnere, aachratze, aafrääse, aagrabe, aakicke, aarämple (plump), aaschnalle, am Haag frässe, aschpiriere, bearbeite, bi öpperem scharre, d Scharr-Ise montiere, d Schliifi aarüschte, d Stiigbügel montiere, de Bagger us de Garaasch fahre, de Güggel mache, e bruuni Zunge schwinge, fische, forssiere (forcieren), hine ine chrüüche, kaaste (engl. to cast), rammlig sii, riisse, rissig sii (auf dem Aufriss), schränze, sich aaschliime, sich öpper aalache, uf de Riss gah, uufriisse

aufreizende Bewegungen beinle, füdele, füessele (einander unter dem Tisch mit den Füssen berühren), s Chessi rolle, schwänzle

berühren, befingern aagrapsche, aalange, aatööple, bepföötle, betatsche, figureetle, fingerle, gnäppere, hämpfele, hoselädele, Mit de Auge luege! (Nicht berühren!), näggele, nifele, striichle, tätschle, tööple, umetökterle

Brüste d Biberschwänz (Hängebrüste), d Bölle, d Bull-Auge, d Chluurene, d Chnüü-Schoner (Hängebrüste), d Chölbe, d Chrischt-Stolle, d Dudle, d Düüse, d Geburi-Hähne (Silikonbrüste), d Glogge, d Hähne, d Härzli, d Hügel, d Huupe, d Lampe, d Luscht-Chnoschpe, d Mamma, d Milchbehälter, d Milchfabrik, d Milchfläsche, d Möbel, d Möcke, d Möps, d Ohre, d Omelette, d Öpfeli, d Püppis, d Püüpe, d Quarktäsche, d Rassle, d Schöppe, d Täller, d Täller-Miine, d Tänk, d Titte, d Töfflampe, d Toni-Molkerei (grosse Brüste), d Töpf, d Tötz, d Wäje, d Zäpfe, d Zapfhähne, de Anker, de Balkon, de Chabis, de Summer-Balkon, en Chnätt-Bömbel, es Schlüüdertrauma (grosser Busen), grossi Ohre, hine es Brätt und vorne en Lade (kleine Brüste), Hölle-Böle (enorm grosse Brüste), Holz vor de Hütte, RS (Riiise-Schöppe), s Üter (wie Euter), Smarties under em Teppich (kleine Brüste), Uuhuere-Chnüü (grosser Busen), zwee groossi Auge, zwee Riissnegel (sehr kleine Brüste)

Brustwarzen d Igel-Nase, d Pirate-Auge, d Schläck-Zäpfe, d Schmier-Nippel, d Zäpfe, s Beromünschter-Suechgräät, Tög-geli-Wätter (erigiert, bei Kälte), Voll-Liecht haa (erigiert)

eine Abfuhr erhalten aabränne, abblitze, da stah wie pstellt und nöd abgholt, e chalti Duschi überchoo, en Chorb überchoo, en Schlag is Gsicht überchoo, en Schueh in Arsch überchoo, gschlossni Türe iiräne, im Räge stahglah werde, in Hammer laufe, uf d Schiissi haue

eine Erektion haben e Schlepp-Eichle haa (Erektionsstörungen), en Frosch i de Hose haa, en Ständer haa, es Zält haa, schlafe wie es Velo – uf em Ständer, zälte

entjungfern d Confi uselaa, d Plombe usetrucke, d Poulet-Schäär fürenäh, d Unschuld näh, de Büchseöffner spile, de Kanal-Teckel uufmache, s Chällerfänschter iischlah, s Chile-Fänschter iischlah, s Hüütli trucke

flirten Blick schüüsse, karrisiere (franz. caresser), kommerze, mit de Wimpere zwinkere, oigle, öpperem schöni Auge mache, süess tue, Süessholz raschple, um öpper ume scharwänzle

Freier en Nutte-Töff, en Schläckstängel

Gummi-Puppe e Gummi-Susi, en Gummi-Peter, es Latex-Vreni

Hoden d Chlööte, d Chlüüre, d Chroonjuweele, d Eier, d Kaschtanie, d Murmle, d Nüss, d Schälle, d Schläck-Chugle, de Bim und de Bam, de Chlüüre-Sack, de Familie-Schmuck, de Figgchaschte, de Glogge-Stuel, de Sack, s Gloggespiil

junges Mädchen Chefi-Fleisch, e Freifahrt, en Penalty (weil leicht zu versenken), en Sächser im Lotto, es Bibeli, es Flittli, es Fohle, es Jümpferli, es Potenzial, es Schüssli, es Spring-Chicken, es Tschigg (engl. chicken), es Wanderbrätt, frisches Gmües, Frischfleisch, Zjung Zum

Kondom d Gülle-Hülle, d Lümmel-Tüüte, d Luscht-Tüüte, d Nahkampf-Pellerine, d Pellerine, de Fallschirm, de Gebärmuetterhalskontaktbolze-Schooner, de Gummi, de Helm, de Jute-Sack, de Kampf-Händsche, de Katalysator, de Pariser, de Präser, de Ramm-Büütel, de Schrumpfschluuch, de Socke, es Sacki-Verpacki, mit de Pellerine go tusche (Sex mit Kondom), s Glondom (engl. clown), s Preservoir, s Rägemänteli

küssen abschläcke, Bakterie uustuusche, Blätz verteile, blätze, chnüschperle, Chöpf uufblase, d Zunge id Ferie schicke, d Zunge trucke, de Blätz inehaue, e Rundi süüde, e Zunge-Rulaade, en Schläcker, en Schmatz, en Speichel-Uustuusch, en Suuger (Knutschfleck), en Tüüfbohrer (Zungenkuss), es Bussi, es Küssi, es paar Quadratmeter Zunge verlegge, es Schmützli, es Schmüüsi, öpper inefrääse, s Bläch inehebe, tömblere (Tumbler), Zähbutze-Plus

Liebe machen aadocke, absprütze, abtrucke, an Grossrächner aaschlüüsse, anenand hangebliibe, bänge, baunze, bi öpperem abschlüüsse, bocke, bölze, bombardiere, bümperle, bumse, Bumsitis haa, bürschte, Bürschtitis haa, chlöpfe, d Briefmargge-Sammlig zeige, d Chällerstäge usefäge, d Eier versorge, d Garaasch butze, d Gülle-Hülle fülle (mit Kondom), d Liebi in Buuch hindere garettle, d Luschtwurzle uustrucke, d Madratze beschwääre, d Seichgschirli zämestecke, d Wurzle tünkle, de Bär füettere, de Chrane zügle, de Ferrari versorge, de Föhn frisiere, de Laich abstreife, de Partner betanke, de Pinsel inehebe, de Püntel inehebe, de Rieme schliiffe, de Saame setze, de Sack lääre, de Schirm iistelle, de Zylinder schliiffe, drüber gah, durejoggle, dureörgle, dureruesse, e Schnitte trüle, e Tunell-Fahrt mache, eine trucke, eine weggstecke, eini durehoble, eini durenudle, eini durewalze, eini knalle, eini knipse, eini mache, eini nagle, eini nusse, eini rattere, eini spoitze (anal), eini stanze, eini stopfe, eini stuehle, eini über d Eichle stülpe, eini über s Cornet zieh, eini ufelah, eini verruume, eini versaage, eini verschnätzle, eini versorge, eis lädere, eis schnäggle, en Abstrich mache, en Rudelbums (Orgie), en Särvela id Turnhalle rüere (Sex mit einer Frau, die schon viele Liebhaber hatte), en Schoggi-Stich (anal), es Bümsi mache, es Hötterli mache, es Nümmerli schiebe, es Strichli mache, es Zämesetzi mache, es Zibi mache, fädere, Fädere-Gymnastik mache, fidle, figge, fiile, fischle, fröschle, füürwehrle, Gruppesport mache (Orgie), högere, Höhle forsche, höpperle, hörnle, hötterle, id Vogelbüsch go hasle, id Zupf-Stube go nüssle (Sex im Bordell), im Vercheersverein mitmache (Orgie), ine-use-fertig (Quickie), knalle, knattere, knirpsle, kurble, laiche, Liebi mache, loche, mir sind L.S. – Loch-Schwager (wenn zwei Männer mit derselben Frau geschlafen haben), mit em rote Maa d Höhli erforsche, mit Katalysator (mit Kondom), mit öpperem mütze, Nimm zwei – für en flotte Drüer!, öpper ad Wand nagle, öpper durezieh, öpper flachlegge, öpper hösle,

öpper inezieh, öpper montiere, öpper ochse, öpper über-
stelle, öpper umlegge, öpper verhudle, öpper vernasche,
pimpere, plug & play (engl.), pompe, poppe, porzioniere,
rammle, riite, röödle, ruesse, rumple, rüttle, s Blüemli
güüsse, s Gärtli sprütze, s Gipfeli tünkle, s Loch verdichte,
s Rohr verlegge, s Rüebli id Turnhalle gheje, sattle,
schnaaggsle, schnupsle, schpumpiere, sich enthösle (sich
ausziehen), stäche, stecke, stoosse, stöppsle, tökterle,
turne, über eini drüber gah, übercheere, uf de Bock rüere,
uf de Chraane rüere, uf de Töff sitze, uf di Kanarische Vögel
go insle, uf em Stängeli umefurze, umehorne, umesoile,
verstämpfle, vögle, zäme umgheje

Menstruation Buuchweh mit Näbewürkige, d Alperöösli-
Ziit, d Eppeeri-Ziit (Erdbeeren-Zeit), d Indianer sind uf
Bsuech, d Mens, d Pe (für Periode), d Russe chömed, d
Schwiizer Wuche, d Stöpsel-Wuche, d Täg, d Tante Rosa
isch uf Bsuech, de Heintz i de Hose (vom Ketchup der
Marke Heintz), de Himbeeri-Pfnüsel, de Indianer-Hueschte,
de Ölwächsel, di vegetarische Tage, die roti Armee chunnt,
en ächte Pirat sticht au is rote Meer (Sex während der
Periode), Komunischte-Hueschte, rots Buuchweh, s Pirate-
fäscht (weil eine Binde getragen wird), s Tomatesuppe-
Fäscht, sie hät d Stöör, sie hät de Maler im Chäller, sie hät
die root Fahne duss, sie isch unwohl, sie surft uf de rote
Wälle, über s Rot Meer sägle (Sex während der Periode)

nackt adam, barfuess bis zum Chopf, blesch, blutt, füdi-
fädi-blutt, füdliblutt, nacktig, spleo-neo

onanieren a de Huut umeriisse, abspitze, absprütze, am
Kabel zieh, Crème heble, id Foif-Finger-Höhli gah, d Fleisch-
peitsche poliere, d Flöte stimme, d Gurke würge, d Hand
figge, d Händ wiiss mache, d Manuela bumse (von manu-
ell), d Pfiife uuschlopfe, d Schlange würge, d Stange riibe,
d Wurscht pelle, de Buuch schamponiere, de Chaschper
schnüüze, de Haas abzieh, de Schimmel vom Salami
chratze, de Willi chneble, e Muschi scratche, eine abzable,
eine ruble, eis gäg eis mache, eis handörgele, eis kaable,
eis kurble, eis vo de Palme wädle, eis zupfe, en chalte Puur
ad Wand tätsche, en eigene Porno mache, es paar gueti
Fründ uf d Reis schicke, flappe, foif gäg eine (isch unfair),
foif gäge Willy spile, gitärrele, Glatze-Mütze-Glatze-Mütze,
Handbetriib, hoble, Jetz gangi go vogle bis d Hand weh
tuet!, Liebi an und für sich, mit de Hand büchse, nöldele,

örgele, rupfe, s Chliihirn betätige, s Fingerli schiebe (in die Scheide oder in den After), Sex an und für sich, sich eine abe hole, sis eigete Süppli choche, spoitze, Täsche-Billard spile, über s Nachttischli zieh, wädle, wiissi Soosse produziere, wixe, Wix-Tierli ad Wand maale, würfle, zu de Frau Fuuscht id Foif-Finger-Gass gah

One Night Stand churz aber heftig, en Ständ duregäh, es eimaligs Höpperli, es Ine-use-Rendez-vous, öpper chehre, öpper verruume

Oralverkehr am Zipfel suuge, Chumm – Sugus, d Eichle butze, d Fleischflöte blaase, d Schnuderflinte versorge, d Stoss-Stange poliere, de Billi mälche, de Renault wäsche (bei Frauen, siehe Renault-Logo), de Sack uussuuge, de Secko lutsche, eine blase, eis lule, eis minettle, eis tschuppe (von den Lutschern Marke Chupa Chups), en Pinselreiniger, Fläcke mache, im Muul absprütze, is Muul näh, nomal schmöcke, was d gässe häsch (nach dem Analverkehr), s Horn blase, s Muul wiiss aamaale, s Schnäbi chätsche, schwanzlutsche, suggele, Wetsch uf minere Flöte spile?, wiissi Soosse trinke

Penis d Amor-Peitsche, d Antäne, d Bimbe, d Fleischflöte, d Fleischpeitsche, d Luschtgurke, d Luschtwurzle, d Männlichkeit, d Pfiiffe, d Rageete, d Raupe, d Röhre, d Ruete, d Schnuderflinte, d Sprützkanone, d Ständerlampe, d Stoss-Stange, d Tschiggiita (Chiquita), d Wasserpischtole, d Wixmaschine, de Bimbo, de Bolze, de Bruutloch-Bohrer, de Calippo (wie das Glacé), de Chlii, de chlii Fründ, de Cholbe, de chrumm Pilz, de Crème-Hebel, de Dödel, de Dübel, de Elefant, de elfti Finger, de Fisch, de Fisel (franz. la ficelle), de Fleischprügel, de Fraue-Traum, de Fritzli, de Gebärmuetterhalskontaktbolze, de Gebärvatter, de Gigel, de Giovanni, de Gonzo, de Güggel, de Gulli, de Gulliver, de Günggel, de Günsel, de Hammer, de Johnny, de Kolleg, de Kolleg Essig, de Kötschli, de Ludi, de Lümmel, de Luscht-Barometer, de Luschthobel, de Macho, de Max, de Nagel, de Piipmatz, de Pimmel, de Pimpel, de Pnes, de Prinz, de Rieme, de Ruedi Rüssel, de Rünggel, de Rünzel, de Schnibo, de Schnidel (von Schniedelwutz, Otto Waalkes), de Schnuderi, de Schwanehals, de Schwängel, de Schwanz, de Seckel, de Secko, de Sippi, de Soiffespänder, de Ständer, de Stängel, de Wäg-Wiiser, de Willi, de wo immer sabberet, de Zapfe, de Zipfel, de Zöttel, Er, läbige Dildo, s beschte

Liebesleben

Stuck, s Brunzgschiir, s chline Hirni, s Ding, s dritte Bei, s Familieglück, s Fleischgwehr, s Götschli, s härti Filet, s Horn, s Komma, s Metermass, s Mittel-Bei, s Pfiifeli, s Rohr, s Schalt-Getriebe, s Schnäbeli, s Schnäbi, s Schnüerli, s Schwänzli, s Verlängerigskabel, s Zötteli

Prostituierte e Bordstei-Schwalbe, e Dirne, e Flöte, e Huer, e Hündin, e Nutte, e Rent-a-Muschi, e Sattelgriite, e Schlampe, e Spreiz-Giige, e Stooss-Hänne, e Trottoir-Amsle, e Turte, en Saame-Trichter, es Freude-Meitli, es Läder, es Lueder

Samenerguss absafte, absprütze, de Sack lääre, jedes Tröpfli git es Chöpfli, s Magazin lääre

Scheide d Bixn, d Chalbs-Blätzli (Schamlippen), d Chalbs-Schnitzeli (Schamlippen), d Fleischmuffe, d Fotze, d Gääge, d Grotte, d Klit (Klitoris), d Liebesgrotte, d Liebes-Spalte, d Luscht-Grotte, d Mööse, d Mumu, d Muschi, d Penis-Leit-planke, d Pussy, d Ritze, d Schamlümpe (Schamlippen), d Schnitte, d Tropfstei-Hööli, d Turnhalle, d Wöschchuchi, d Ziilschiibe, de Biber, de Fisch (wegen des Geruches), de Futz, de Gotthard, de Kätscher (engl. to catch), de Liebes-Kanal, de Schlitz, de Schnägg, de Soosse-Schlitz, de Trut-hahn, de Zigerschlitz, s Bäre-Aug, s Bermuda-Drüegg, s Bisi, s Büsi, s Flutschloch, s Fuetter lampet zu de Täsche uus (Schamlippen einer alten Frau), s Fützli, s Gwürz-Schnitzel, s Liebes-Tunell, s Luscht-Tunell, s Männerparadiis, s Müscheli, s Schnäggli, s Seich-Gschiirli, s Zwätschgeli

schmusen chäschperle, Choigummi tuusche, de Saft zum Gääre bringe, en foifminütige Choderwächsel mache, Gur-geli-Hockey mache, knuutsche, öpper vergwohltätige, poliere, schambriere, schätzele, schmoore, schmüsele, schnäpperle, Speichel-Hockey mache, stinkfingerle, süüde, umechäpsle, umefigureetle, umeörgele, umezüngle, verna-sche, vernudle, züngle

Seitensprung de hät d Goldmedaille im Siitesprung, fremd gah, fremd-hösle, ine anderi Höhli iiloche, näbetuse frässe, über de Haag frässe, underschti Schublade sii

Sexspielzeuge Chnüündli-Schueh (High Heels), de Elek-tro-Prinz (Vibrator), de Futzegugel (Vibrator)

sexuell erregt brünschtig, geil wie Sau, giggerig, gstauti Halsveene haa, güfig, gümpig, hörnig, läufig, parat, rammlig, rämmlwuchtig, rattig, rollig, s Stange-Fieber haa, spitz, spitz wie Nachbers Lumpi, spitz wie sibe Chele-Spitz, spitz wie-n-en Dart-Pfiil, watz, wuschig

sexuell erregte Frau die hät glaub de Eisprung, die isch scharf wie-n-es Chuchimesser, die wett en Schwanz verschlucke, e Tropfsteihöhli, ich ghör de Mööse-Bach ruusche, Schmöcksch d Spaltesäft?, sie fützelet, sie hät en Pfluumesturz, sie hät s Mööse-Flattere, sie isch füecht, sie isch giggerig

Single-Frau e Schnägge-Falle, e Ungsprützti, en Troche-Schnägg

Spanner en Chinder-Schänder, en Glüschtler, en Luschtmolch

Tampon en Bluet-Egel, en Kanalteckel, en Staudamm, en Stöpsel, en Tee-Büütel, en Zapfe, es Surfbrätt, es Torpedo, es Torpedo mit Abschussrampe, Inne-Isolation für em Maa sin Hobby-Ruum

Zuhälter en Bienlizüchter, en Laufstall-Bsitzer, en Stänz

es Stinkstifeli
Baby

BEZIEHUNG & FAMILIE

Alimente Hoselade-Stüüre, Nachschuss-Prämie, Sack-Gebühre, Schlitz-Pfand, Sprung-Gäld abgäh

Baby en Brei-Marder, en Brei-Schiisser, en Drüü-Chäshöch, en Giftsocke, en Milupa-Fritz, en Moschtchopf, en singende Fleischchäs, en Stinker, en Windlefüller, es Buscheli, es chliises Chind, es Gegeli, es Gitzi, es Muntschli, es Nuggi-Monschter, es Poppi (aus dem Rätoromanischen), es Stinkstifeli

eine Affäre haben d Goldmedallie im Siitesprung haa, e Liebschaft pfläge, eine a de Angle haa, eini in Reserve haa, en Andere haa, en Doppelschlöfer sii, es Gschleik haa, es Gschmuusi haa, es Gspöönli haa, es Gspuusi haa, es Liebesgschwadder haa, es Näbedgrüüsch haa, es Stämpfelchüssi haa, es Techtelmechtel haa, Händli hebe, ihn e chli inehebe, öppis zäme haa, über de Gartehaag frässe

eine Beziehung haben Chörbli-Kollege sii, di goldig Chette aahaa, e Chischte haa, e Infrastruktur haa, en LAP haa (Lebens-Abschnitts-Partner), en sichere Wert dihei haa, kontrollierti Lämpe haa, mit öpperem gah, Schäferstündli gnüsse, under em Hammer sii, verbändlet sii, zäme gah, zäme Schäfli hüete, zäme schiebe, zäme sii

Frauen (positiv) da wärsch e kei Sau, e Busle, e Chatz, e Fitze, e geili Schnitte, e gueti Stute, e gueti Tuube, e guets Stuck, e Hammer-Frau, e heisses Ise, e heissi Bibe, e heissi Schnalle, e Maschine, e Muschle, e Oschtersünd (schöne Schwedin), e Perle, e Schabe, e Schnalle, e Schnitte, e süessi Muus, e Suma-Wuscha (e supermaximali Wunderschabe), e Super-Stelze, e Turte, e Uschi Steilzaa, e Waggleri (eine, die sexy mit dem Po wackelt), e Wunderstute, e Zuckerpuppe, e Zuckerschnute, en Bäse, en Baum, en Biber, en geile Stuehl, en guete Schuss, en Hafe, en heisse Fäger, en heisse Ofe, en Schnägg, en steile Zah, en Struuss, en Super-Schnägg, en Töff, en Traktor, es Barbie, es Bauseli, es Büsi, es Gschooss, es Hammer-Tschigg (engl. chicken), es huere Gwehr, es Monschter-Tschigg (engl. chicken), es Schnäggi, es Stück, es Super-Grät, es Triple A (von der Bewertung von Unternehmen)

Freund de Begleitschutz, de Besamer, de Biischläfer, de Bock, de Böögg, de Gaageli, de Güggel, de Gutterebutzer, de Cowboy, de Kümpe, de Läbesabschnitts-Partner, de Liebschti, de Partner, de Poschti-Täsche-Träger, de Schangli, de Schieber, de Schifer, de Schnäpsler, de Sprützer, de Stächer, de Vatter, der Alt, min Herzallerliebschte, mis Schatzeböhnli, s Näbegrüüsch

Freundin d Flamme, d Frau, d Hänne, d Muetter, d Perle, d Regierig, d Schabe, d Schnalle, d Schnäpfe, d Schnitte, d Stute, de Aahang, de Entsafter, de Schnägg, de Späde (Spatz), di Alt, di besser Helfti, e iisi Spalte (engl. easy), LAP (Lebens-Abschnitts-Partnerin), min Schatz, mini besseri Helfti, mini Liebschti, mis Amurettli (franz. amour), s Bani (engl. bunny), s Büsi, s Fähli (Fell), s Gwehr, s Immerufestiegerli-Nieobenabegümperli, s Lochblääch, s Muetti, s Näbe-Grüüsch

gebären abferkle, chalbere, uf d Wält stelle, werfe

Kinder Ableger, aktivierti Spermie, Chliini, Chnöpf, d Jungmannschaft, de Nachwuchs, en Knirps, es Schlüssel-Chind (Kind von Eltern, die kaum zu Hause sind), Goofe, mit Chind und Chegel (mit der ganzen Familie), Rotze, Schnoddergönggel, Setzling, Stöpsel, Zwerge

Kindergarten d Chegeli-Schuel, d Gfätterli-Schuel, d Gfätti, d Häfeli-Schuel, de Chindsgi

Kleinkind en Blääri, en Goiferi, en Goof, en Hoseschiisser, en Hösi, en Moschtchopf, en Müggel, en Pfüderi, en Pfüdi, en Schnügel, es Buzli, es Gööfi, es Pisserli, es Stinkerli

Kosenamen Allesabeschluckerli, Amediesli, Ängeli, Anke-Flöckli, Augesternli, Augöpfeli, Chäferli, Chätzli, Chnopi (Abk. für Knollenblätterpilz), Chrüseli, Flöckli, Hasibärli, Häsli, Herzchäferli, Möckli (mollige Frau), Muggi, Müsli, Pflödderli, Rugeli, Schläckerli, Schnadehüdeli, Schnäggli, Schnitte (Sahneschnitte), Schnügel, Schnurpeli, Seelewärmerli, Spätzli, Zuckerschnoizli

Männer (positiv) e gäächi Nummere, e Gmüetsmoore, e heisses Exemplar, e Rageete im Bett, en Böckl, en Fäger, en feine Maa, en fette Schuss, en Gäbige (umgänglich), en geile Siech, en guete Tüpp, en nette Kerli, en Pfadfinder (guter Orientierungssinn), en Poppmeischter, en Riise-Gai (engl. guy), en Scharmöör (franz. charmeur), en Schnauz, en Schnügel, en Schuss, en Seehund, en Sigel, en Sprutzi, en steile Griech (en geile Siech), en Super-Gai (engl. guy), en Tschente (engl. gentleman), en Uufgstellte (gutgelaunt), es flotts Pürschtli, es Riise-Orcheschter, es Schüssli

schlecht erzogenes Kind de hät de Aastand au nöd mit Löffel gfrässe, de hettsch au gschider am Liintuech abbutzt, de isch am Tüüfel ab em Chare gheit, de macht alles, was Gott verbote hät, dem chunnt nur Seich in Sinn, e Mischt-Hippe, en cheibe Cheib, en Löligoof, en Lümmel, en Luusbueb, en Luuszapfe erschter Güeti, en Rotzlöffel, en Schlawiiner, en Schnudder-Goof, en Sougoof, en Strick

schwanger e schwangeri Bergänte, en Brate i de Röhre haa, en Chueche im Ofe haa, en gfüllte Biber, i andere Umständ, Metaschtaase uusbilde, trächtig

sich trennen abhäggle, abschüüsse, d Finke chlopfe, de Abschied näh, de Blind näh (vom Jassen), de Laufpass gäh, de Schueh gäh, de wiiss Brief schicke, dismisse (engl. to dismiss), en Gingg in Arsch gäh, es isch Sense, gheje laa, id Chriesi schicke, id Wüeschti schicke, katte (engl. to cut), quitte (engl. to quit), rüere, s isch grisse, schicke, Schluss mache, schwänke, sich separiere, spüele, uf d Transfer-Lischte tue, usenand gah, wüsche

sich verlieben abfahre uf öpper, dehiischmelze, die roserot Brüle aahaa, i öpper verknallt sii, mir hät s de Ärmel inegnoo, s hät mi inegnoo, s hät mi verwütscht, s Herzflattere haa, sich i öpper verluege, uf öpper stah, verknallt über beidi Ohre, verliebt wie zwei Maichäfer, verschätzlet sii, verschosse sii, voll geil abfahre

Verwandtschaft d Bäsi (Cousine), d Elschtere (Eltern), d Gäge-Schwer (die andern Schwiegereltern), d Müetsch (Mutter), d Regierig (Eltern), d Schwierig-Muetter (Schwiegermutter), d Schwöö (Schwester), de Brüetsch (Bruder), de Schwartefigger (Schwiegervater), de Vätsch (Vater), de Zoo, en Cou-Cousin (Vetter 2. Grades), en Cousin (Vetter), Gotte und Götti (Patin und Pate), mini Läbesversicherig (reiche Eltern), s Schwigermonschter (Schwiegermutter)

s elektrischi Grosi
Fernseher

HAUSHALT

Abfall de Dräck, de Ghüdder, de Güsel

Abfalleimer en Abfall-Chübel, en Chaakübel, en Güsel-Chübel

Ablaufrinne en Tachhängel

Abwasch-Handschuh de Familie-Pariser

angebrannt aabrännt, aaghocket, verbrännt, verbrötlet, verchoolet

Aschenbecher e Urne, en Aeschbacher, en Äschbi, en Äschetätsch, en Chräbs-Täller, en Fidibus, en Schlacke-Chessel

Attika-Wohnung e Chole-Chammere, en Adler-Horscht, en Maschtchorb

Besteck de Pabscht bstellt s Bsteck z spaat (Zungenbrecher), s Bsteck, s Werch-Züüg

Bett d Chlappe, d Fädere, d Furzfalle, d Furzmatte, d Furzmulde, d Koje, d Luscht-Wise, d Pfanne, d Schlafstell, d Spiil-Wise, d Turnhalle, de Riit-Stall, s Chischtli, s Chörbli, s Etui, s Gliger, s Huli, s Milbe-Paradiis, s Näscht, s Trampolin, s Traumschiff, s Wanzeschiff, s Zeinli

Blumenstrauss Drache-Fueter, e Hüüchler-Stuude, en Flattier-Bäse, en Hüüchler-Bäse, en Meije, en Struuss, es Buggee (franz. le bouquet)

Bollerwagen es Leiterwägeli

Bräuche de Chnächt Rupprächt (Schmutzli), de Futzli (Schmutzli, Helfer des Samichlauses), de Räbeliechtli-Umzug, de Samichlaus (Sankt Nikolaus, Weihnachtsmann), de Schmutzli (Helfer des Samichlauses), e Chilbi (Kirmes), Wehntaler Chlois (hohe Kopfbedeckungen)

Brennholzbündel es Bürdeli

Brettspiele s Leiterli-Spiil (Mensch-ärgere-dich-nicht)

Brille di zweite Auge, en Intelligänz-Verstärcher, en Nase-Töff, en Video-Vorverstärcher, es Lueg-Ise, es Nase-Velo, es Panzer-Glas (dicke Gläser), es Vor-Feischter, Fläscheböde (dicke Gläser)

Bruchbude e Grümpelchammere, e Villa Heb-di-fescht, e Villa Wanza (voller Wanzen und anderem Getier)

Dachboden d Winde, de Estrich, e Grümpel-Chammere

Dampfabzug s Arschloch vo de Chuchi

das Licht einschalten aalösche, aatreje, d Lampe aazünde, hell mache, s Liecht aamache

den Tisch decken aarichte, aatische, de Tisch zwäg mache, tische

Dia-Betrachter de Gucki

die Türe zuschlagen Händ Ihr Seck dehei? (wenn jemand die Tür offen lässt), knalle, schletze, zuebängle, zueschmättere, zuetunnere

duschen e Tuschi näh, es Tüschi heize, tüschele

DVD e Schiibe Film, kotfrei (codefree)

eine kleine Menge Flüssigkeit en Gutsch, en Schluck, en Sprutz, es Tröpfli

Einkaufswagen es Poschtiwägeli

elektrischer Strom de Pfuus, s Elektrisch

entsorgen chüttere (süddt. Kutter, Müll), furtrüere, ghüdere, in Abfall gheje, is Brocki gäh (Brockenhaus), schmeisse, schwinge, uf de Mischt rüere, uusmischte, verhöökere

entzwei abenand, flattü, futsch, halbiert, putt, verknellt

Esstisch d Fuetter-Bank, d Mampf-Planke, de Äss-Egge, de Fuetter-Trog

etwas geht kaputt es hät en Riss, es hät en Sprung im Chacheli, es laat, es lugget

Faden Bärefade, Sternfade

fehlerhafte Ware Hundwaar, us em letschte Uusverchauf, Uusschuss

Fernbedienung s Stäbli, s Trucki

Fernseher d Chischte, d Flimmer-Chischte, d Glotze, de Feni, de Gück, de Huus-Altar, de Ti-Vi, s elektrischi Grosi, s Glotzophon, s Heimkino, s Pantoffelkino

Feuerwerk en Chlöpfer, en Thönder (engl. thunder), Fraue-Fürz (kleine Petarden), Schwärmer (grosse Petarden)

Feuerzeug en Flammewärfer, es Flüügzüüg, es Füüri, es Pötäterli (franz. peut-être, weil s mal funktioniert und mal nicht)

Flasche e Buddle, e Guttere, e Guuge, e Hülse (Bierflasche), e Quarzsand-Täsche, en Glas-Sack, en Hegel (Bierflasche)

Fleck en Fläcke, en Flärre, en Mose, en Schlirgge (Schlieren), en Tolgge

Fotografie e Foti, en Helge, en Schnappschuss, es Foto

Fotokamera e Japserknipsi, en Foti

Gegenstand Dingsbums, es Ding, es Dingens, es Dings, es Maschäng (franz. la machine), es Teil

Geräteschuppen es Schöpfli

Gerümpel de Grümpel, öppis zum Uusrangschiere, ruume (entrümpeln), s Glumpp, s Gschmois

Geschirrspüler e Abwäschmaschine, e Marie, e Porzellan-Schlüüdere, es Bläch-Mami, s Luisli

Gewehr d Artillerie, de Charscht, de Karli Briner (Karabiner), e Blei-Sprütze, e Flinte, e Flööte, e Füsiletta, e Pumpi, e Susi, en Ballermann, en Chleiderchaschte-Bewacher, en Hülsebrünzler, en Locher, en Neutralitätsbewahrer (Sturmgewehr), es Blasrohr, es Botschafts-Saxophon, es Chlöpf-Schiit, es Füsij (franz. fusil), s Chnebeli

Glühlampe e Bire

grosse Milchkanne (landw.) e Tanse

Handarbeiten büeze (nähen), chlöpple, d Lismete (Strickwaren), d Lismig (Strickwaren), häggle (häkeln), lisme (stricken), wifle (Löcher stopfen), zämeschnurpfe (zusammennähen)

Handgriff en Handhebi, en Hänkel

Haus d Höhli, d Hütte, d Loosche (Loge), de Stall, Ich mues hei – d Mieti lauft!, s Heimetli

Hausbau d Uufrichti (Aufrichtfest), es Richtfäscht (Aufrichtfest), es Tannli uf em Tach haa (Haus ist aufgerichtet)

Hauseinweihung e Huusroiki, es Näschtfäscht

Hausmeister de Abwart, de Huuswart

Holzscheit e Wädele, es Hölzli, es Lättli, es Schejeli, es Schiitli, es Schindeli

Holzspickel en Spiise

Kamin en Hütte-Uuspuff, en Schlot, es Chämi

Kamm en Flöh-Räche, en Strääl

Kerbe en Hick

Kinderspiele Aazelle-Bölle-Schelle (Zählreim), Fangis, liluege, Gränz, Lueged nöd ume – de Fuchs gaht ume, Roiber und Poli, Sässelitanz, Schiitli-Verbannis, Schwingis (Spiel mit kleinem Ball), Versteckis, Völk (Völkerball)

Kinderwagen en Baby-Porsche, en Windle-Porsche

Kiste e Trucke, en Harass (für Flaschen)

Kleiderschutz für Kinder en Goifer-Lappe, en Läddi, en Latz, en Musueli, en Tachhängel, es Lätzli

kleine Holzkiste es Gätterli, es Truckli

kleine Keramikschüssel en Kafimocke-Bächer, es Chacheli, es Schüsseli

kleine Perle es Chrälleli

Kneuel e Chrungele, en Wullechnoiel

Knick e Furche, en Buck, en Egge, en Falt, es Eselsohr (in einem Buch)

Korb e Chrääze (Rückentragkorb), e Hutte, e Zeine, en Chratte, es Rääf (Rückentragkorb)

Kreis en Rundumel

Kreisel (Spielzeug) en Surri, en Surrimutz, en Surrli

Lampe e Latüttere (Laterne), e Pfunzle, en Lüüchter

loses Kalkstein-Mauerwerk e Bollestei-Wand

Lukarne (Dachfenster) e Guggeere

Masse e Hampfle (eine Handvoll), en Chlaafter (schweiz. Holzmass), en Ster (schweiz. Holzmass), es Birebitzeli (ganz wenig), es Bitzeli (ein wenig), es Mü (so gut wie nichts)

Mikrowellen-Ofen e Fuul-Wiiber-Chischte, e Migrowälle (von Migros), en Öschtriicher-Fernseh, en Radar-Ofe

mit Wasser spielen e Pflootscherei mache, göötsche, pflootsche, sprütze, wässerle

Mobiltelefon d Nadle (von Natel), d Nathalie (von Natel), d SMS-Schlüüdere, de Apparat, de Chnoche, de Funkprügel, de Sackgäldverpuffer, de Spräch-Chnoche, de Strahler, de Tumor-Beschlüüniger, s Billimo, s Ding, s Foun (engl. phone), s Händi (engl. handset), s Hantli, s Moubail (engl. mobile), s Natel (Abk. für Nationales Auto-Telefon)

Murmel e Chluure, e Chlüüre, es Chügeli

Nadel e Gufe, e Schlüüss-Gufe (Sicherheitsnadel)

Nähkissen s Gufechüssi

Nähzeug s Fadezeindli

Ofenbank e Chouscht

Parabolspiegel für TV-Empfang e Schüssle

Pfütze e Glungge, e Lache, en Gumpe, en Gunte

Pistole e Knarre, e Plämpe, e Potänz-Sprütze, e Spitole, en Blei-Föhn, en Föhn, en Meuchelpuffer, en Revi (Revolver), s Nachttischschublade-Hüeterli

Platz haben Spatzig haa

Reinigung und Unterhalt en Blocher (Gerät für die Bodenversiegelung), en Fluumer

Rückenkorb es Chräätzi (vor allem von Sennen benutzt)

Sackmesser en Chrottestächer, en Hegel, en Sackhegel

Schachtel e Fädere-Schachtle (um die Füllfedern aufzubewahren in der Schule), e Huetschachtle, e Näi-Schachtle, e Trucke, es Chragechnöpfli, es Trückli

Schaukel e Gigampfi, e Gireizi, es Riitiplampi

Schaukelpferd es Gampi-Ross, es Hü-Rössli

Scheune e Schüür

Schlafsack e Furztüüte, e Mütz-Tüüte, e Penn-Tüüte, e Schlummer-Tüüte, es Ganzkörperkondom

Schlafzimmer d Bettstatt, d Muni-Chammere, d Riithalle, d Sattel-Chammere, d Sprung-Aalaag

schlecht isolierte Wohnung da ghörsch sogar d Flöh hueschte, da händ d Wänd Ohre, die händ Seck dehei – es

zieht dure, e Schimmelpilz-Zucht, es hät Muure us Kartong,
s isch hellhörig, s isch ringhörig

Schlinge en Lätsch (bei Schuhen), en Schlick

Schmuck Ohre-Glanggerli (Ohrringe), Tschumpel-Gold
(Edelmetall-Imitation), TTG (Tössemer Tramschinegold)

Schnick-Schnack Gugus, Schi-Schi

Schrank en Chaschte, es Chuchichäschtli (Küchen-
schrank)

Schrebergarten e Büezer-Villa, e Fübü-Ranch, en Gmües-
blätz, en Strebergarte (weil jeder besser als der andere
sein will)

Schultornister en Haar-Aff (befellt), en Schuelsack, en
Thek

Schürze e Schoibe, e Schooss, en Schurz

Seilzug e Seilwinde, en Fläsche-Zug

Sofa e Gusch (engl. couch), en Divan, en Stoff-Balke, es
Gligger, es Kanapee, es Ruheekanapee, s Gutschi

Sonnenbrille en Nase-Töff, es Solar-Velo, es Uva-Filter-
Gstell

Sonnenschutz-Markise en Store, en Sunnestore, es
Rollo

Sonnerie, Türglocke e Glogge, e Lüüti, e Schälle, s Lüüti-
Spiili mache (klingeln und davonrennen)

Spielfigur (bei Brettspielen) en Mannsgöggel, en Manög-
gel, es Töggeli

Stapel e Biig, e Biigi, en Huufe

Staubsauger en Brösmeli-Töff, en Staubsi, en Suuger, en
Suugi

Streichhölzer Zundhölzli-Zoishündli

Stuhl e Stabäle (alter Holzstuhl), en Fotoi (franz. fauteuil), en Hocker, en Schemel, es Milch-Stüehli (Dreibeiner), es Schemeli, es Taburettli (Hocker)

Tannenreisig Riisig, Tanne-Chriis

Taschenlampe d Taschebattelamperie (Taschenlampen-Batterien), e Täschepfunzle

Taschentuch en Schnuderhudel, en Schnuder-Lumpe, en Schnüüzer, es Böögge-Album, es Fazonettli (ital. fazzo-letto), es Naas-Tuech, es Pfnüsel-Tüechli

Telefon es guugelet (das Freizeichen ertönt), s Feliton, s Tefilon

Treppe e Stäge, stägeliuuf-stägeliap

Uhr e Guggu-Uhr (Kuckucksuhr), e Pandüle (eine grosse Standuhr), en Verspötigsaazeiger, es Bim-Bam (grosse Kirchenuhr), es Gelöretli (franz. quelle heure est-il), es Tic-Tac, jedem Totsch sini Swotsch (Swatch)

Unkraut entfernen jätte

Unordnung, Chaos alles ligge laa wie d Hüehner de Dräck, d Sache ligge laa wie d Hüehner de Mischt, e Dräckerei, e Dräcklete, e Moorerei, e Schweinerei, e Souerei, e Sou-Ornig, en Mischmasch, en Siff (dreckig), en Soustall, es Chrüsimüsi, es Durenand, es Gnuusch, es Puff, es Tohuwa-bohu, es Wirr-Warr, öppis verhüehnere, öppis verlegge, öppis vernuusche, versifft (dreckig)

Walkman en Podi (iPod), es Ohre-Geblääse, Isolations-Pfröpfe (Kopfhörer)

Waschbecken e Chatze-Wösch (improvisierte Körperhy-giene am Waschbecken), e Moorewösch (nicht sauber waschen), s Brünneli, s Lavabo

Wäscheklammer es Chlüpperli, es Chlüppli, es Wösch-chlämmerli

Wäscheleine abrollen abhaschple

Waschzuber e Gelte, e Stande, e Zeine, en Zuber

Weihnachtsbaum de Tannebaum, e Halleluja-Stude, en Chriesibaum (engl. christmas), en Chrischtbaum, en Hüüchler-Bäse, en Liechterbaum, es Tänndli

Werkzeug drüü Mal abgschnitte und es isch immer no z churz (Redensart beim Sägen), e Biiss-Zange (Zange), e Sägisse (Sense), e Schwabbel-Schiibe (Polierscheibe aus Leinen), e Under-Liib-Schabe (Unterlagsscheibe), en Ängländer, en Chroiel (kleine Gartenhacke), en Fuchs-Schwanz (Handsäge), en Geiss-Fuess (zur Entfernung von Nägeln), en Gertel (Beil für die Baum-Entastung), en Gummi-Futz (Gips-Becher), en Sackrolli (kleiner Handrollwagen), en Schlegel (grosser Hammer), en Seele-Trööschter (Hammer), en Tängelistock (zum Hämmern der Sense), es Blaatere-Schiit (Wasserwaage), es Laub-Sägeli (kleine Modellbau-Säge), es Öl-Stitzli (kleine Öl-Flasche mit Pumpe), es Rundum-Bläch (Rohr), es Schliifpapier (Sandpapier), es Schmirgelpapier (Sandpapier), Hagaffe (Agraffen)

Wohnung di vier Wänd, e Baragge, e Buude, e Höhli, e Hütte (auch für Haus), e Loosche (Loge), e Pfuus-Chammere, e Stubete, en Bou, en Bunker, en Gade, en Schlaag (auch für Zimmer), es Heimetli, es Hotel, es Tipi

Wollknäuel e Chrugele, e Chrungele (Garn, Wolle), en Chnoiel

Zapfenzieher en Zapfe-Zupfer

Zaun en Haag

e Chilbi-Chotzete
Birchermüesli

ESSEN & TRINKEN

Alkohol Alk, Alkohol macht d Bäggli rot und d Bire hohl, Alkohol macht d Bire hohl – isch d Bire hohl, hät s wieder Platz für Alkohol, Allohol, Ankehohl, Bluetverdünner, en Läbere-Schänder, en Zungebrächer, wägem Alkohol mues de id Nüechtere (Anstalt für Alkoholkranke)

Ananas e Dschungel-Runggle

Apfel en Öpfel, en Öpfel mit Stumpf und Stiil ässe (vollständig essen), s Bütschgi (Kerngehäuse), s Gigertschi (Kerngehäuse)

Apfelsaft e Puure-Pissi, en Moscht, en Süessmi, es Lütteriwasser

Apfelwein en Chuttlezieher, en Muffe-Güüder, en suure Moscht

Aromat gäli Gülle, Kunscht-Dünger, s Knarromaat, s Menaasch (franz. ménage)

Banane e Affe-Pistole, en Affe-Schüblig, en Chrumm-Öpfel, en Dschungel-Colt, es Affe-Brot, es Affe-Gipfeli, es Affe-Gnaagi, es Schimpanse-Gipfeli

Bananenshake en Banane-Wix

Berliner en Confi-Bolle, en Mens-Bunker

Bier Bölkstoff (aus den «Werner»-Comics), Brunz, e Chinder-Pissi (abgestanden), e Fäldgülle, e gääli Wurscht, e grossi Blondi ohni Haar (Stange), e Gurke, e Guuge, e Hänkel-Röschti (ein grosses Bier), e Hopfeperle, e Hülse, e Obdachlose-Milch, e Pfütze (Bier vom Fass), e Stange, en Büezer-Schämpiss, en Gerschte-Sirup, en Gsundheits-Wii, en Hopfeblüete-Tee, en Hopfe-Tee, en Humpe (Bierkrug), en Malz-Iilauf, en Muurer-Chueche, en Schlegel, en Schoppe, en Schuum-Tee, en Schwach-Strömer (alkoholfrei), en Stifel (1-5 Liter), en Wurschtsalat flüssig, es Bleifreis (alkoholfrei), es Drüürli vom Klopsteihügel (Hürlimann-Bier; wegen der Adresse), es flüssigs Brot, es Herrgöttli (1-2 dl), es

89

Essen & Trinken

Kaschtrierts (alkoholfrei), es Konfirmande-Bierli (Panaché), es Läbere-Shampoo, esMuurer-Joghurt, es Obdachlose-Wässerli, es Öl, es Schwuls (alkoholfrei), es Stängeli, es U-Böötli (Bier mit versenktem Schnapsglas), Gerschte und Malz – Gott erhalt s!, Ross-Seich (Ex-Bier), Sägler-Diesel, Vitamin B, warmi Pisse (abgestanden)

Birchermüesli Bio-Schotter, e Chilbi-Chotzete, en Bio-Schotter, en Halleluja-Pflüdi, es Bimü, es Birchi, es Habermues, es Hüüffeli Chotz mit Eiter

Birne e Bire

Bohnen es Höckerli, Furz-Gmües, jedes Böhnli git es Töönli

Brot de Aahoiel (Anschnitt), de Gupf (Anschnitt), e Fotzelschnitte (mit Milch-/Ei-Gemisch ausgebacken), e Schiibe Mähl, en Scholle Hanf, es Pfünderli (1/2 kg Halbweissbrot), es Püürli (kleines, dunkles Brot), es Schlange-Brot (Brotteig, am Spiess über offenem Feuer gebraten), es Semeli (Semmel), es Tschinggeli (kleines Brötchen), es Weggli (kleines, helles Brot), Kork

Butter Butter und Schmalz – Gott erhalt s!, en Anke, en Anke-Ziger (Glarner Ziger-/Buttermischung), es Ankebölleli, es Mödeli (Portion Butter)

Cervelat e Arbeiterforäle, e Fleischbohne, en Chlöpfer, en Nitrat-Zeppelin, en Nonne-Trööschter, en Rännsattel, en Servila, en Sevi, en Züri-Chräbs (eingeschnittener Cervelat), es Arbeiter-Cordon-Bleu (Cervelat mit Käse), es Filet im Darm, es Proletarier-Filet, es Puure-Cordon-Bleu (Cervelat mit Käse und Speck)

Champagner e Puffbrause, en Chlöpfmoscht, Nuttediesel, en Schamparglatte, en Schämpiss, es Chopfwehwasser, es Schlampoo, Knallfrösch ablaa (den Champagner öffnen)

Coca-Cola Disco-Bänzin, en bruune Gorps, en Jeans-Whisky, es Coci, es Cola, es WC (Whiskey-Cola), Negerschweiss

Cordon-Bleu es Cordon-Pnöö

Crèmeschnitte e Bazille-Schnitte, e Eiter-Schwarte, e Kaloriebombe, e Schäm-Griite, e Schliim-Griite, en Eiter-Balke, en Eiter-Rieme, en Platte-Bou, en Schnudder-Balke, es Pfluder-Grüscht

Crevetten Schnäbis

Desserts e Salmonelle-Schnitte (Tiramisù), en Cupp Tschanun (ein Eisbecher mit vier Kugeln, in Erinnerung an die Bluttat von Günther Tschanun), en Fruchti (Fruchtsalat), en Fruchtsalat für Fuessgänger (mit Schnaps)

Diäten EVG (Ein Viertel genügt), FDH (Friss die Hälfte)

Dörrgemüse kochti Holzwule

Dosenfleisch graffleti Zwärge, John Wayne

Ei e Potänz-Granate, en Pfiiffe-Schweller, en Rieme-Spanner, Schälle-Betong

Eintopf en Wuche-Rückblick, geschter d Chuchi gwüscht

Eis-Crème es Glassee (franz. glace), es Iisgräm, es Tschelati (ital. gelato)

Erbsen Chugellager, es Bowäärli

Fett s Gädder (Fett an einem Stück Fleisch), s Groibi

Fleischkäse en Schwamm

Fleisch-Liebhaber en Fleisch-Tiger, en Gotlet-Frässer

Fondue e Chäs-Suppe, e Schwiizer-Suppe, es Figugegl (Fondue isch guet und gitt e gueti Luune)

Früchte e Vitamin-Bombe, Furt mit Obscht – ha Südfrücht im Chäller!

Fruchtsaft en Diätsirup, flüssigs Obscht

Gebäck e Furzstange (Salzstange), en Bienestich (Gebäck mit Vanille-Füllung), en Grittibänz (Männchen aus Brotteig), en Öpfel im Schlafrock (Apfel mit Blätterteigmantel und

Haselnussfüllung), en Sandsturm (trocken), en Spitzbueb (Keks mit Confiture-Füllung), en Tirggel (Zürcher Honigge-bäck), es Biberli (Lebkuchen mit Honig-Haselnuss-Füllung), es Brunsli (Schokoladen-Kekse), es Frauebei, es Madlän (Madeleine), es Tote-Beinli (Nuss-Stengel), es Willisauer Ringli (Spezialität)

Gin Tonic en GT, en Piniewald, es Wachholder-Soda

Gipfel e Sagmääl-Kurve, en Buttersack, en Fettbalke, en Glasschniider (alt)

Götterspeise Schwaabe-Schnuder

Gugelhopf en Lupfdegugel, en Sandsturm (trocken)

Gurke e Guggummere, en Elefante-Böögg, en Nonne-Traum

Hackfleisch Drüerlei (Kalb-, Schweine- und Rindfleisch), Ghackets, gschreddereti Chue, vercharete Dürrbächler (Hunderasse)

Häppchen en Schnorre-Chützler, es Amüüs-Busch (franz. amuse-bouche), es Bettmümpfeli (vor dem Zubettgehen)

heisse Ovomaltine e heissi Ovi, e Ovomaltine stärkt au diine, en schwule Tokter Wander mit ere Pipeline (eine warme Ovo mit Röhrchen), Es Ovo Sport sofort!

Honig Bäri, Bienli-Goifer, Hungg

Hunger haben de Kitt ab de Schiibe frässe, ich chönnt es Ross vertilge, min Mage chnurrt

Johannisbeere es Trübeli

Kaffee Beer (engl., aus der TV-Serie «Die Simpsons»), e Chemo-Therapie (koffeinfrei, mit Milchpulver und Sacha-rin), e Kante, e Lüürlibrüe (dünner Kaffee), en Chreislauf-Aareger (Morgenkaffee), en Kafi, en Kafi GT (mit Trester), en Kafi mit Güx (mit Schnaps), en Kafi mit Möcke (mit eingeweichten Brotstücken), en Kafi mit Siitewage (mit Schnaps), en Keffi Gram (Kaffee Crème), en Koffein-Schuub, en Nerve-Chützler, en Schümli-Pflümli (mit Pflaumenschnaps und Schlagrahm), en Wulche-Bruch, es Käfeli, Kafisatz macht schön!

Kalbsbratwurst e Öschtrogeen-Kurve, en Chnorpel-Sack, en Liiche-Finger, en Ochse-Pimmel

kalte Platte Brot und Chäs, chalte Tisch und Täller und d Fuuscht uf d Schnurre, Kafi complet

kalte Schokolade e chalti Schoggi, en Alpe-Whisky, es Ziegelwasser

Karotten mit Erbsen Ärbs mit Rüebli, Rülpsli

Kartoffel en Acher-Säge, en Gummel, en Herdöpfel, en Hörpfel

Käse en Appizäller frisst de Chäs mitsamt em Täller (Liedzeile), en bleiche Stinker (Limburger), en Chäs, en Chuehbrocke, en Still-Sitzer (Tilsiter), en Stinkchäs (räs), en Stinkmocke, es Zigerstöckli (Glarner Ziger), fuuli Milch

Kaugummi en Chätschgi, en Chätschgummi, en Choi-Chätsch, en Choitsch, en Choitschgi, en Schigg, en Tschigomma, en Tschuui (engl. chewing gum)

Kebap e Gammel-Tüüte, es Drüegg, es Türgge-Gipfeli

Kirsche Chrieseli güne (Kirschen pflücken), es Chirschi, es Chriesi, gibeligäälig Chriesi (gelbe Kirschen)

Knäckebrot e gsundi Spanplatte, es Vitamin-Pavatex, es Vollchorn-Brättli

Kohl Chöhli, Choleräbli (Kohlrabi), en Chabis, en Chabis-Chopf

Konfitüre Gomfi, Gomfitüte, Gumfi, Karies-Beschlüünigungs-Grääme

Kotelett es Fleisch mit Handgriff, es Racorö (ein ranziges Kotelett mit Rösti)

Lakritze Bäre-Dräck

Essen & Trinken

Leitungswasser Hahneburger, Hahnewasser, Lüürliwasser, Wasser ap de Röhre, Werdhölzli-Schämpis (von der Kläranlage Werdhölzli)

Milch Alpe-Whisky, Chueh-Brunz, Chueh-Buse-Sprudel, Chueh-Saft, Jus-de-Muh (franz. jus), Jus-de-vache (franz. jus, vache), Loobe-Saft, Muh-Saft, Schluuchmilch (Milch im Plastikbeutel), Sportler-Bier, Üüter-Gsöff, Zitze-Schämpis

Mineralwasser Blööterliwasser, Château la Pompe, Chlor-Lösig, Chrüseliwasser, es Pfündli H2O (5 dl), Görpsliwasser, Liichewasser, Niere-Spüeler

Mortadella Esel-Fleisch

Nüsse mit Rosinen Studänte-Fueter, Tutti-Frutti

Nussgipfel e Sagmähl-Kurve, en Gnuss-Zipfel, en Guss-Nipfel, en Mocke Staub, en Schuss-Zipfel

Pferde-Entrecôte es Filet Hü

Pizza e Mafia-Turte, e Mafia-Wäje, e Tessiner Wäje, en Bakterie-Flade, en Tschingge-Frisbii

Polenta e Maispfluute, en Hüehner-Beton, en Maisgörps, en Tschingge-Chotz, en Türgge-Ribbel

Pommes-Chips Sucht-Schibli

Pommes-Frites belgischi Röschti, Öl-Chlötzli, Öpfel-Fritzli, Pömmfe, Stäbli-Röschti, Vierkant-Röschti

Popcorn Ziitbombe-Mais

Poulet e Chräje, en dämpfte Uhu, en Fädere-Bock, en Flughund, en Gagg, en Gugei (Gummi-Geier), en Gummi-Adler, en Kondor, en Kondor mit zähtuusig Flugstunde (zähes Poulet), en NATO-Adler, es Mischt-Chratzerli (kleines Poulet), es Sulzer-Glänk (Pouletschenkel), es Suppehuehn, uusbeinle (ein Poulet ausnehmen)

Pralinen Drache-Fueter

Rahm Nidel, Nidel schwinge (Rahm schlagen)

Rahmschnitzel es Schamritzel

Reis Ameise-Eier, Asia-Pommes, Chinese-Beton, Chinese-Weize, Ho-Chi-Minh-Brösmeli, Ho-Chi-Minh-Schotter, Leis, Risi-Bisi (Reis mit Erbsen und Schinken), Schanghai-Röschti, Tschu-En-Lei-Brösmeli

Rosine en tröchnete Appizäller, es Wybeeri

Salat en Sali-laat, en Schnägge-Himmel, es Grüen-Fueter

Sandwich es beleidigets Brötli, es Iiklämmts, es Ver-chlämmts

scharf da gsehsch s Füür vo Holland, da litzt s dir grad d Socke abe, da verbrännsch der no d Zunge, da zieht s der grad s Hämp hine ine, das lupft de Bappe uf d Mamme, en Muffebränner, rääs

Schinken Borschte-Lachs

schlemmen d Wampe fülle, driilige, e heissi Schlacht am chalte Büffee, gurmiere (franz. gourmet), in Giit ine frässe, sich vollstopfe

Schnaps eine ab de Wand, en Absacker, en Durebutzer, en Felse-Spränger, en Güx, en Härte, en Klaare, en Mage-Trööschter, en Obschtler, en Ranzechlämmer, en Schnäbe, es Bätziwasser, es Brännts, es klars Wässerli, es Kurve-Öl, es Läbeswasser, es Magewasser, es Schnäpsli, es Ver-dauerli, es Verriisserli, es Wässerli, es Zabliwasser, es Ziil-wasser

Schnitzel Schniposa (Schnitzel, Pommes Frites mit Salat), Schnippo Sacco (Schnitzel, Pommes-Frites, Salat, Cola)

Schorle e Urin-Proob

schwarze Schokolade Arsch-Betong, Arschloch-Barriere, Arschloch-Barrikade, Durchfall-Brämsi

Schweinshaxe es Büchsefueter, es Gnagi

schwere Kost es fuehret, es stopft, Häsch Blei gfrässe?, maschtig

Senf Windlepüree

Siedfleisch en gsottne Elch, en Turnschueh

Sirup en Chisirö – en Chindersirup mit Röhrli, en Himbo (Himbeer-Sirup), en Siri

Spaghetti es Chlammere-Mues, napolitanischi Butzfäde, Schuehbändel, Spaghis, Speggi, Teigg-Würm, Tschingge-Nerve, Tschingge-Schnüer

Spiegelei e Potänz-Chugle, es Hüehner-Cotlett, es Stiere-Aug

Spinat Binätsch

Spitzbub (Keks) es Invalide-Guetzli (wegen der 3 Löcher)

Steak e Schue-Sohle (zäh), en Sattel

Suppen e Füdeli-Suppe (Fideli-Suppe), e Lüürli-Brüe (eine dünne Suppe), en Chnoche-Liim (Hafersuppe)

Süssigkeiten e Kalorie-Bombe (kalorienreiche Süssspeise), en Foifer-Mocke (Bonbon für 5 Rappen), es Nidel-Zältli (Caramel-Bonbon), es Rahm-Täfeli (Rahm-Bonbon), es Zältli (Bonbon)

Tomate en dämpfte Uhu (gedämpfte Tomate), en Liebes-öpfel

Tomatensalat mit Mozzarella und Basilikum en Tomimo-zuba, en Tommozz, en Tomate-Mozz

Tomatensauce Sauce periode

Trauben d Wümmet (Traubenernte), de Läset (Trauben-ernte), es Chatze-Seicherli (Americano-Traube), es Truube-beeri

ungeniessbares Essen chotzgruusigs Frässe, da rüert s der de Sack id Wüeschti (scharfes Essen), das würd mer ja nöd emal de Soi füettere, e Soitränki, en Schlange-Fraass, es Gschludder (undefinierbares Essen), es gseht uus wie scho mal gässe, es läbt scho fascht (Verfalldatum abgelaufen), es tuet s Hirni sandstrahle (scharfes Essen), s gseht uus wie de Wucherückblick

Vanille-Cornet im Blätterteig e Eiter-Guuge, e Eiter-Tüüte, e Schnuder-Tüüte

Vermicelles en warme Gsell, es Würmli-Gstell, Spaghetti-Chueche, Würmli bim Gruppesex, Würmli-Turte

Vodka e Russe-Milch, en Wöde, es Gummibärli, es Ohrewasser, s Mönü Eis (Vodka Red Bull)

Wähe e Böllewäje (Zwiebelkuchen), e Tünni (vor allem im Unterland), e Wäh-hee (nicht appetitlich)

Wein e Bschütti (von Jauche), e Pfütze, en Alpe-Nordhang-Essig, en Cabernet Sowiso, en Château Grauehaft (ungeniessbarer Wein), en Château Migraine (kopfwehträchtiger Wein), en Felge-Wii, en Fusel (schlechter Wein), en gsprützte Wiisse (Weisswein mit Mineralwasser), en Herrliberger Süürling (mieser Tropfen), en Ranze-Chlämmer, en Rippe-Zwicker, en sibirische Berg-Essig, es Halbeli (0.5 dl), es Kilo Roote (1 l Rotwein), es Tschumpeli (1 dl)

Würste en Landjeger (geräucherte Wurst), en Pantli (Appenzeller Salsiz), en Periode-Chlöpfer (Blutwurst), en Schüblig (geräucherte Wurst), es Moschtbröckli (Spezialität aus dem Appenzellerland)

Wurst-Käse-Salat en Gang-wurscht-en-ii-Salat, en WK-Salat, en Wu-Chä-Sa, en Wüdechäde-Salat, es Füürwehr-Bankett

Zürcher Geschnetzeltes es gschwellts Ross und e Badwanne voll Röschti, es Züri-Gschnätzlets, gschnätzleti Zürcher

Zwiebel e Bölle, e Tränegas-Tomate (rote Zwiebel), en Füdli-Schwärmer, en Furz-Öpfel, Radio-Gmües (wegen dem Echo), Zwibelschweizi (Zwiebeln mit Mehl, in der Pfanne gebraten)

de Giraff würge
urinieren

WC-BESUCH

aufs WC gehen d Chegelbahn teschte, d Nase pudere, d Natur rüeft, d Plättli-Fuege zehle, de Boiler lääre, de Fredy schüttle, de Keramik zeige, wer de Chef isch, de Papagei würge, de Rugge schnüüze, de Strom abläse, e Bio-Pause mache, e Uussziit näh, eimal uussetze, eis wäggträge, en Boxestopp mache, id Keramik-Abteilig gah, mal für chlini Königstigerli müese, mal für chlini Meitli gah, s Bei lupfe, s Ross aabinde, schnäll anesitze, für chlini Flamingos gah, sich entsorge, throne, uf d Schüssle gah, uf de Pott gah, ufs ABC gah, ufs Häfi gah, ufs Hüüsli gah, ufs Lavabo gah, ufs Örtli gah, uf d Schi... butti (Djibouti) gah, uusträtte müese, vakuole, zum Moby Dick gah

Durchfall bruuni Pisse, d Brunne-Röhre, d Flitzekacke, de Arsch-Durzuug, de Dampf-Schiss, de Dünnpfiff, de Express-Schiss, de Gätterli-Schletzer, de Lätter, de Lütteri, de Parterre-Pfnüsel, de Pfluderi, de Pflütteri, de Pfnätschi, de Rugge-Pfnüsel, de Schiisser, de Töörli-Giiger, de Tuz-Witt (franz. tout de suite), es Diarröö, güllere, güllne, s liklämmt uselaa, s Schiissächerli uussprütze, tünn schiisse, zum Arschloch uus seiche

erbrechen alles gäh, breje, Brocke jodle, Bröckli hueschte, chiise, Chlümpli jodle, chörble, chotze, chotze bis s bruun Ringli chunnt und das wider abeschlucke, d Chräie füetere, d Fisch füetere, d Fräss-Chotz-Sucht haa (Bulimie), d Schüssle aaschreie, de Bode aaschreie, de Boge-Hueschte haa, de Chräie rüefe, de Keramikgott aabätte, de Läbesmittel-Hueschte haa, de Pizzaiolo verträtte, de Rägeboge-Hueschte haa, de Röturgang iilegge, de Schlamm-Teckel lupfe, digge, e chli fescht görpse, e Fremdsprach lehre, e Pizza legge (wer sich nach dem Jogging übergeben muss, ist ein Pizza-Kurier), em Ueeeeli rüefe, en Spiisröhre-Orgasmus, erbräche, es Chäsli mache, farbig lache, für di dritt Wält spände, gschnätzlet goisse, hergäh, hinderschi ässe, hinderschi räuschpere, hinderschi schiisse, Ine und use – geil!, mit em grosse, wiisse Hörer telefoniere, Möckli hueschte, Möckli lache, oral ejakuliere, Porzellan-Bus fahre, reiere, röhre, s Äsghe ghejt zum Gsicht use, s Äsghe namal dur de Chopf gah lah, s Füdli betrüge, s Gsicht uuslääre, s Mönü wächsle, s zweit Mal ässe, sich üssere, spüderle,

teigge, wärfe, Würfeli goisse, würge, zruggspuele, zur
wiisse Schüssle bätte

furzen abdunschte, am Stinke aa chunnt s go schiisse,
Biogas entsorge, biologisch heize, C-Alarm, chinesisch
gnüüsse, chleppere, d Glogge sägne, d Luft würze, Darm-
stadt laat grüesse, das isch Körperbeherrschig – en andere
hett id Hose gmacht, döönere (nach einem Döner), dröhne,
Druck uusgliiche, e abgehendi Blähig, e Verweesigs-Spur
legge, eine abfackle, eine fahre laa, eine schnattere laa,
eine setze, en ABC-Aagriff, en abverheite Versuech, s Füdli
zum Schnurre z bringe, en Arschgorps, en Bär, en Fax
überchoo, en Foick, en Gas-Uustuusch mit de Umwält, en
Knatterfritz ablah, en Koffer abstelle, en Stinki ablah, en
Trüffel setze, entlüfte, es Trüff gheje laa (franz. truffes),
föhne, foike, motoore, gaase, guet gfurzet isch halbe
gschisse, ich chan zaubere – ich chan mache, dass d Luft
stinkt, jedes Böhnli git es Töönli, Luft ablaa, lüfte, püüpele,
Rageete-Aatriib, römisch heize, s Chäsmässer zieh, Schlaf-
zimmerwind, schnurre ohni Zäh, schwäfle, troche schiisse,
trumpeete, verdampfe, Wer hät gschisse?, z Amerika
chunsch für dä en Oskar über

rülpsen am Ton aa gnüegelet s, Erbsli und Rüebli, de
Riissverschluss zue mache, em Ton naa isch es eusi Moore,
en Elch, en Furz, wo de Uusgang nöd gfunde hät, en Gorps
ablah, en Oscht-Wind (nach einem Kebap), en umgleitete
Furz, görpse, Körperbeherrschig – en andere hett de ganz
Tisch voll kiiset, Öb s ächt vom Mage chöm?, röhre – wie
en Hirsch, sorry – ich ha welle pfiiffe

stuhlen abseile, Ballascht abwerfe, Caca mache, chegle, d
Schüssle spränge, d Schüssle tarne, de Darm lääre, de
Fäkal trucke, de Kägi chunnt, de Rugge schnüüze, e bruuni
Wurscht quätsche, e Rohrposcht versände, e Stange Pra-
liné us em Rugge trucke, e stinkwichtigi Sitzig abhalte, eim
in Darmstadt d Wohnig chünde, eine befreie, eine duregeh,
eine us em Chrüüz trucke, eine uusschaffe, eis chriege, eis
sitze, eis trucke, en Brachsme setze, en Brauni (engl. brow-
nie), en Bruune mache, en Furz mit Franse, en Kaktus setze,
en Schii-Schueh deponiere, en Stink mache, es Brät setze,
es Dänkmaal setze, es Ei legge, es Gwind schniide, es
Pfund setze, gäggele, gaggere, iistuehle (in die Hose
machen), kacke, knätte, mohrechöpfle, pflocke, pfunde,
schiisse, stinkele

urinieren alles uselah, wo kei Mieti zahlt, bisle, boilere, brunze, brünzle, d Anakonda würge, d Banane prässe, d Boa würge, d Brunz-Chischte lääre, d Flöte schüttle, d Luschtwurzle uustrucke, d Muffe ruesse, d Rohrfüehrrerstellig iineh (verbreitet bei Feuerwehrleuten), d Schlange quäle, d WC-Änte füettere, de Boiler entchalche, de Boiler kippe, de Chlii über de Schüssle abschlaa, de Fisch schüttle, de Gebärvatter uuswinde, de Giraff würge, de Hassan würge, de Kanischter leere, de Lumpe strecke, de Molch tröschte, de Pinsel mälche, de Prinz schüttle, de Rieme lääre, de Rieme lööse, de Ruech schüttle, de Seich une use laa, de Stumpe abchlopfe, de Sultan würge, de Tunnerbalke füettere, de Wasserstand kontrolliere, de Weich usehänke, de Zipfel schüttle, e Fläsche Wasser in Egge stelle, e gääli Schnuer id Weid rüere (in freier Natur), e Stange Brunz in Egge stelle, e Stange Wasser in en Egge stelle, em Beizer sin Gwünn uusschütte, em Chline d Wält zeige, en Arbetslose am Grind näh, en Brunne mache, en hässige Schiff i d Schüssle rüere, en Jahrgänger träffe, en Ölwächsel mache, en Platzwächsel mache, en Wasserfall simuliere, es Bier in Egge stelle, es Bisi schmättere, es Lied singe: «Ein Schiff wird kommen», es seichelet (riecht nach Urin), go täge (engl. to tag, seinen Namen an eine Wand sprayen), ich laa mi zwäcks Wasserlöösig churzfrischtig dischpänsiere, ich mues eim go d Hand gäh, wo gliich alt isch wie-n-ich, Kabel verlegge, mit em Hund go laufe, nöd vergässe: troche schüttle, pippele, pisse, rööze, rüüche laa, s Bier zrugg bringe, s Eichebergers aalüüte, s Eidächsli mälche, s Gärtli sprütze, s Hirschläder uuswinde, s Komma lääre, s Komma schüttle, s Revier markiere, s Trudi würge, schiffe, seiche, suude, topfe, uf Pi-Pi-Island gah, über s Netz tüpfe, Vögeli mälche, wassere, zu de Frau Frei gah, zu de Pipi Langstrumpf gah, zwei Böge mache

WC d Abseil-Stazion, d Chlöpfgelte, d Chlöpfi, d Chnebelschiissi (Plumps-Klo), d Entfäkalisierigszentrale, d Kackerei, d Keramik-Abteilig, d Knätti, d Latrine, d Pflocki, d Pippibox, d Pisseria, d Porzellan-Abteilig, d Porzellan-Usstellig, d Schiffi, d Schiissi, d Schüssle, de kachleti Näbe-Ruum, de Topf, de Tunnerbalke, deet, wo de Kaiser elei hiigaat, e texanischi Stinkbaragge (Aargauer Autobahn-WC), Pi-Pi-Island, s ABC, s Abee, s Häfi, s Kackorama, s Klo, s Shit-o-drom, s stilli Örtli

Goldküschte-Mähl
Kokain

AUSGANG

ausgehen e Sumpftuur mache, d Stadt uussuufe, Druck mache, e Wälle riisse, eine druffmache, eine la chlöpfe, eis go hebe, eis go schnappe, eis go zieh, e Pinte-Cheer mache, fehze, gassi gah, go d Lampe fülle, Gömmer Heinrich Gasserich?, hüt chumi erscht morn hei, i d Möscht gah, in Gang gah, in Uusgang gah, noimet ineghaje, s Dörfli mache (von Beiz zu Beiz im Niederdorf), schwofe, über d Höf gah, uf Bier-Safari gah, uf d Gass gah, uf d Haldeguet-Montasch gah (von der Biermarke Haldengut), uf d Loitsch gah, uf d Pischte gah, uf d Schueler-Reis gah, uf d Schwanz gah, uf Fleischbschau gah, uf Turnee gah, umeflaniere

betrunken Auge haa wie klöpfti Sicherigspatrone (kleine Pupillen), blau aalaufe, brätscht, chrotte, chrüz-stern-hagelvolle, chue-volle, d Chappe voll haa, de Palimpalim gseh, di grausam Zerstöörig iifange, Druck haa, e Bimbe haa, e Chilbi binenand haa, e Dichti haa, e Fahne wie-n-en Bunse-Bränner haa, e Parööti haa (von parat, bereit), e Pause haa, e schiefi Peilig haa, e Vollnarkose haa, eine a de Chappe haa, eine i de Chroone haa, eine im Gsicht haa, eine sitze haa, eis a de Fichte haa, eis am Sänder haa, eis im Tee haa, en Aff haa, en Atomsiech haa, en Atomsuff haa, en Balari haa, en Balloon haa, en Hammer haa, en Knick i de Optik haa, en Lumpe im Gsicht haa, en Penalty i de Bire haa, en Rand am Huet haa, en Schlirgg im Fejss (engl. face) haa, en Siech i de Bire haa, en Tätsch im Grind haa, en Tilt i de Bire haa, en Tirggel haa, en Tirggel i der Nuss haa, en Totale haa, en Vaterlands-Vergässer im Grind haa, entgleisti Gsichtszüüg haa, erdevolle, es Gweih montiere, es Mega-Fläsch (engl. flash) montiere, fuzzdicht, gchäppelet, glade, granatedicht, hacke dicht, Hirnzälle recycliere, höch haa, höch singe, höde, i d Wüeschti Gobi verreise, im Öl ligge, kanonevolle, mega tschüss, Öl am Huet haa, rotzdicht, rundi Füess haa, s Bei müesse us em Bett hebe zum brämse, s gaht diräkt under d Schädeltecki, s Schlüsselloch nüme finde, s total Blackout haa, sack, säcke, Seegang haa (torkeln), übermässig erfrischt, verlade, verpeilt, verstriche, versumpft, volle wie e Haubitze, volle wie-n-e Chueh, volle wie-n-e Tole, ziemli parat, zue wie de Migros am Sunntig, zue wie en Schueh, zue wie-n-e Bahnhofschiissi, zue wie-n-e Chloschter-Tür, zue wie-n-en Grab-Teckel, zue wie-n-en-Kosak

Betrunkener e Alk-Liiche, e Promill-Süüle, e Ruusch-Chugle, e Schnaps-Liiche, e Sumpfdrossle, en Betonierte, en Schluckspächt, en uusgsoffne Halbliter, er hät d Läbere uf de Sune-Siite, er hät en Rand am Huet, er hät Schlagsiite, er isch mit eme Tirggel hei choo, es Fass ohni Bode, es Schnaps-Fass, lieber über Nacht versumpfe als im Sumpf übernachte

die Zeche teilen Halbe-Halbe mache, Kippi-Handstand mache, mir mached s geteilt dur zwei

Ecstasy en Pille-Spicker (Ecstasy-Konsument), es Chügi (Kügelchen), es E, es Exti, es paar Rundi, es Teil

eine Zigarette rauchen a de Strass zur Lunge wiiter boue, blaase, d Lunge teere – demit de Chräbs nöd stürchlet, d Schlaglöcher fülle, dampfe, e Zigi vertrucke, eis bäfzge, eis hinder d Kieme zieh, eis hindere suuge, eis hindere zieh, eis näble, eis paffe, eis proike, eis qualme, eis rüüchle, eis smööke (engl. smoke), eis tubakne, en Fade trucke, en Foik inezieh, en Lauch hinderezieh, en Sargnagel montiere, en Schloot im Gsicht haa, en Sugo mache, en Winkel im Gsicht haa, es Lungebrötli näh, es Mötti mache, heize, s Chräbsli füetere, schloote, schmauche, schüüble, tubäckle, winde, zische

eine Zigarette schnorren Häsch mer e Zigi?, KS – em Kolleg sini (fiktive Marke), Van den Anderen (fiktive Marke)

einen Joint rauchen abwiide (engl. weed), barne, es Barni rauche, büschle, dampfe, e Blache spanne, e Flinte rauche, e Mocheete rauche, e Rulaade sööge, e Tüüte smouke (engl. to have a smoke), eine abezieh, eine montiere, eine schruube (Joint drehen), eine schünte, eine trüle, eine zue mache (einen Joint drehen), eis blante (engl. blunt), eis böbele, eis chrööse, eis heize, eis kiffe, eis motte, eis müle, eis rutze, eis smööge, eis trüle, eis tschüünte, eis tütze, eis wickle, eis wiide (engl. weed), en Barete zische, en Chegel paffe, en Duubi rauche, en Duubi smierge, en Güff rauche, en Guy rauche, en Jay (engl. J für Joint) rauche, en Jelly rauche, en Johnny rauche, en Joogi träje, en Konus inezieh, en Mister Hanky schlürfe, en Ofe heize, en Ofe schletze, en Schanti-Stängel installiere, en Shabba paffe, en Trichter rauche, en Tschoint (engl. joint) rauche, en Tschou (Joe) inehaue, es Chnebeli holze, es Piiisli (engl. piece) inenäh,

Gresli rauche, güffe, haarze, Habli rauche, hasche, Häscher rauche, heize, kiffe, paffe, paffiere, pfäffere, rigge, schlüüchle, schmürze, Schoggi rauche, siffe, sööge, spliffe, tschitschne (damit niemand merkt, was man meint)

essen abetrucke, abewürge, an Fuetter-Troog gah, de Schluuch fülle, di latinische Zeerig (gratis essen), frässe, fuettere, fuude (engl. food), gnaage, habere, hinderehaue, hindererüere, id Brotlaube schiebe, in Grind inetrucke, inebaggere, inebiige, inegeile, ineschuufle, inezie, mahle (eine Mahlzeit einnehmen), mampfe, mangsche (franz. manger), öppis de Schacht aberüere, öppis hinder d Kiime schiebe, öppis in Mage tue, schletze, schnabuliere, spachtle, stampfe, stopfe

Gehen wir nach Hause? Gömmer hei?, Hämmer s gseh?, Mached mer e Flüüge?, Mached mer e Schwalbe?, Mached mer en Abgang?, Simmer gange?, Simmer Gschicht?, Zupfed mer en?

Joint e Barette, en Beschlüüniger, e Flinte, e Flöte, e gspannti Blache, e Guuge, e Küüle, e Lunte, e Petarde, e Salat-Stange, e Tabak-Schlüüdere, e Tschättere, e Tuube, e Tüüte, e verbrännti Bradwurscht (gammliger Joint), e Wunderchruut-Tüüte, e Wunder-Tüüte, e Zingerette, Eine-wie-Keine, en Älme, en Baseball-Schleger, en Beamer, en Bidu, en Blant (engl. blunt), en Bornholio, en Brita-Tabak, en Bronchitto, en Bronco, en Broncoli, en Broncolino, en Brösmeligipfel, en Büffel, en Büffelfurz (der letzte Zug eines Joints), en Buffon, en Burritto, en Carlitto, en Chrumme, en Chueh-Schwanz, en Cubanito, en Droge-Stäcke, en Dübel, en Duubi, en Gamlige, en Gii, en Gublito, en Güff, en Häschige, en Iipackte, en Jason, en Jay, en Jeffrey, en Jiint, en Johnny, en Jööl, en Kebab, en Kiffstängel, en Kompakte, en Konische, en Koonier, en Lehmer, en Ofe, en Ponani, en Ripsige, en Schaba, en Schnitzel-Töff, en Schünte, en Schinte, en Spliff, en Spliifi, en Steckitto, en Stumpe, en Tabak-Schlitte, en Tschoint (engl. joint), en Tscholgitaner, en Tschübi, en Tschüüf, en Ursige, en Uuhuerige, en Zwei-Null-Zweier, es Barni, es Chruut-Tüütli, es Öfeli, en Jackson

Kokain Coci, Goldküschte-Mähl, Goldküschte-Zucker, kolumbianische Schnupf

Kokain konsumieren Coci näh, d Nase pudere, de kolumbianisch Heuschnupfe haa, e Linie zieh, kokse, pfupfe, rupfe, schnupfe

Kokain-Konsument e Coci-Nase, en Coci-Frosch, en Cöggeler

leer trinken abelääre, abe-öle, alli mal Extremadura, bodige, Ex, Ex – oder ad Wand, Ex oder (nie meh) Sex mit dr Ex, trink hei – mer gönd uus, uf Ex – oder nie meh Sex, uussuuffe

Party e Feete, e Hundsverlochete (schlechte Party), en Bäsch, en Feez (Teenager-Party), en Plausch, es Fäscht, es Wurscht-und-Brot-Fäscht (schlechte Party)

Restaurant da ine chömed 100 Jahr Chischte zäme (Spelunke), e Beiz, e Chnelle, e Fräss-Beiz (Gourmet-Lokal), e Gift-Chuchi (Kantine), e Roiber-Höhli (Spelunke), e Schluckhalle, e Suuf-Stube, e Tankstell, e Tränki, e Trinkgäld-Höhli, en Chueh-Stall, en Fräss-Tämpel (Gourmet-Lokal), en Hahne, en Spunte (Originalbedeutung: Überlauf des Fasses), es aagschribnigs Huus, es Frässarium, es Reschti, es Réservoir

Servierpersonal (männlich) de Herr Ober, de Schnippo-Töff, de Vatter, en Gang-go, en Gschiirr-Chraane, en Pinguin, en Scherpa (Sherpa), en Schnigo, es Täller-Taxi

Servierpersonal (weiblich) d Muetter, d Schwöschter Oberin, e Bierflugere, e Chuchi-Schabe, e Saaltochter, e Saftschubse (Flight Attendant), e Servierdüse, e Servierschlüüdere, e Serviertochter, e Theke-Schlampe, e Trinkgäld-Süüle, en Bier-Schlitte, en Bier-Trax, en Coci-Trax, en Gaschtstube-Traktor, en Gschiir-Chraane, en Saaltöff, en Servierschlitte, es Hürlimaa-Ross, es Täller-Taxi, s Frolein

sich schminken am Gsicht e chli Farb gäh, sich aamaale, sich paraat mache, sich schön mache, sich uufbitsche (engl. bitch), sich uufbräzle, sich zrächtmache

Strip-Club e Fleisch-Schau, e Nackt-Bar, e Schüttel-Halle, en Füdli-Schuppe, en Füdli-Spunte, en Hüehnerstall, en Nippelstolle, en Titte-Lade, en Tuube-Schlag, go Füdli luege

Stumpen, Zigarre e südsibirischi Gebirgs-Rabarbere, en Brääme-Töder, en Brachsme, en Chotzbalke, en Gfächts-fäld-Belüüchter, en Ränte-Bängel, en Stinkbolze, en Stink-prügel, es Schoggistängeli, es Zäpfli

tanzen abzable, d Chnoche schüttle, d Loif bewege, de Fuess lupfe, eine abehotte, eine anelegge, eine rocke (engl. Rock'n'Roll), eine träje, es Däänzi duregäh (engl. to dance), es Fägi mache, gruuve (engl. groove), hopse, hüpfe, muuve (engl. to move), s Bei lupfe, s Fudi schwinge, s Tanzbei schwinge, scheike (engl. to shake), schwoofe

Tanzlokal (Club, Disco) e Roiberhöhli, en Lade, en Musig-spunte, en Musigtämpel, en Schuppe, en Stall, en Zappel-bunker, es Nuggi-Puff (Disco für unter 18-Jährige)

trinken, sich betrinken abelääre, abstürze, bächere, chüble, d Innereie güüsse, d Läbere beschäftige, d Lampe fülle, de Huet ööle, e Hülse in Thek ine trucke, eis as Ge-ranium lääre, eis blaase, eis haa, eis hebe, eis in Helm ine lääre, eis lade, eis lööte, eis schnappe, eis zieh, eis zwit-schere, em Pegel luege, en Eight-Ball gäh (acht Dosen trinken), en Halbe iiriibe (einen halben Liter Wein trinken), es Gschänkli ad Läbere, es Lampe-Füll-Fäscht haa, gülle, güttere, güügele, hinderegöötsche, iibetoniere, iiriibe, ine-geile, inemälche und richtig abemähle, inhaliere, kampf-suufe, kippe, laffe, mämmele (an der Schnapsflasche nip-pen), ööle (Bier trinken), pääpere, pinte, pässe, s Lämpli fülle, saldiere, schlürfle (laut trinken), sich d Kante gäh, sich neu formatiere, sich volle laufe lah, spüele, sumpfe, sürpfle (nippen), suufe, suufe wie-n-en alte Jeep, suufe wie-n-en Russ, suufe wie-n-es Loch, tanke, umesumpfe

Zigarette e Fluppe, e Friedhof-Spargle, e Grabschuufle, e Greete, e Kippe, e Lulle, e Niele, e Tote-Spargle, e Un-gsundi, e Zigi, en Fade, en Frosch, en Glimm-Stängel, en Sargnagel, en Schloot, es Chräbs-Stäbli, es Fass (ganzes Päckli), es Garettli, es Gift-Möckli (ganzes Päckli), es Induschtrie-Stängeli, es Lungebrötli, es Nikorettli, es Zäpfli

uf de Chole hocke
sparsam mit Geld umgehen

GELD

20 Rappen es Telefon-Pfündli, es Tram-Pfund, es Zwänz-
gerli

50 Rappen e Filz-Luus, en Füffzger, es Füffzgi, fifti Cent

1 Franken en Bock, en Hammer, en Hebel, en Höger, en
Stei, en Stutz, es Fränkli, es Stützli

2 Franken en Zwei-Fränkler, en Zwei-Liiber

5 Franken e Foifer-Rolle, e Grampol-Schiibe, e Schiibe, en
Foif-Liiber, en Heiri, en Liiber, en Schnägg, en Tole-Teckel,
foif Stutz

10 Franken es Djetschi (ital. dieci), es Fäderli, zäh Hebel

20 Franken es Pfund, es Venti (ital. venti)

50 Franken e grüeni Sophie, en Blaas-Guetschii, en Fufi,
en Grüene, en Scheiter, es Tschingguanteli (ital. cin-
quanta)

100 Franken e Noote, en Blaue, en Borromini, en Hunni,
en Lappe, en Lappe, en topplete Grüene, es Blädel, es Blatt,
es Tschento (ital. cento), es Zupfstube-Bileet, Spazier-Gält
(mehr als 100.- im Portemonnaie)

1'000 Franken e Ameise (1000er-Note), e Tonne, en Vio-
lette, es Kilo, es Liintuech, es Mill

1'000'000 Franken e Chischte, e Mega-Tonne, en Karton

auf Geld verzichten as Bei striiche

ausnutzen, aushalten am Herrgott de Tag abstäle, um
Grund und Bode bringe, de letscht Foifer usne use hole, Ich
bi doch nöd de Pestalozzi!, nach Strich und Fade uusnutze,
öpperem uf de Täsche ligge, uf die Latiinischi läbe

Bancomat e Spoitz-Büchs, en Gäld-Chaschte, en Gäldomat,
en Gäldschiisser

Bank e Chlotzbuude, e Gäldfabrik, e Wöschmaschine

finanzieller Beitrag en Zuestupf

Geld Batze, Batzeli, Blächigs, Chies, Chläbrigs, Chloibi, Chlööte, Chlotz, Chludi, Chlütter, Chnätti, Chole, Chrööte, Chrüüzer, Flider, Flocke, Flüssigs, Goifer, Hammer, Höde, Iseli, Käsch (engl. cash), kei Schruube am Arsch haa (kein Geld haben), Kneete, Miesch, Moneete, Moni (engl. money), Moos, Münz, Mutschge, Müüs, Noote, Rubel, Schnee, Schotter, Schruube, Schübel, Silber, Spoitz, Stätz, Stei, Stiis, Stutz, Zaschter

Geld ausgeben, bezahlen abtrucke, bläche, blettere, bränne, buttere, chlotze, chrömle, durelaa, es Loch im Hosesack haa, es rünnt eim dur d Händ, fette, käsche (engl. cash), löhne, lööte, mit volle Händ uusgäh, schletze, schütte (viel Geld ausgeben oder sponsern), spoitze, tugge, uf de Grind haue, userüere, usewinde, verblödele, verblöterle, verbutze, verchlöpfe, vergiige, verlättere, verluedere, verprasse, versoue, vertuble, vertumme

Geld ausleihen pumpe, vertlehne

Geld schulden bi öpperem i de Chride stah, bi öpperem i de Tinte sii (z.B. ich bin bi dir no 100 Stutz i de Tinte), bi öpperem uf de Täsche ligge, öpperem Gäld schwach sii

Geld sparen am Muul abspaare, bunkere, Geld schöchle (vom Heuen), Geld uf de Bühni haa, horte, jede Foifer uf d Siite legge, raggere, s Sparsoili fuettere, Schöchli mache (vom Heuen), schwarzgäldle, Spoitz legge, uf di höch Kante legge, ufs Konto biige

Geld verschwenden de Gäldschiisser haa, es Loch im Portmonnee haa, in Sand setze, s Gäld mit volle Hände uusgäh, schletze, uf de Chopf haue, us em Feischter rüehre, verchlöpfe, vergüüde, verjuble, verlööle, verprasse, verpulvere, verschlüüdere, vertuble

günstig billig, das rüered s der nae, fascht gschänkt, halbe gratis, tschiipo (engl. cheap), wie bim billige Jakob

investieren Chole inehaue, inebuttere

Kleingeld (fuuli) Iseli, de Brunz, e paar Vertruckti, en Batze, es Orcheschter, Grampol-Schiibe, Grümpel, Münz, Quätschti, Spoitz, Unterlags-Schiibe, Verquätschti

pleite arm wie-n-e Chilemuus, bankrott, blank, d Servila-Hüüt ässe müese, kei Schruube am Arsch haa, kein rote Tschimmi haa, lieber arm draa als Bei wegg, nöd de Gäld-Schiisser haa, Ross-Bolle go sueche müese, stier

Reiche en Bonz, en Gäldhahne, en Gäld-Sack, en Gstopfte, en Krösus, en Mehbessere, en Nooble, en Obergstopfte, en riiche Seckel, en Schmonzes Ballonzes

Schwarzgeld er hät s under em Tisch überchoo

sparsam mit Geld umgehen giizgnäppere, gnäppere, jede Foifer umdräje, schmürzele, spärele, uf de Chole hocke

Taschengeld Sackgäld, Gilet-Münz, Spazier-Münz

teuer da wirsch abzockt, da zallsch de Name (bei Marken-artikeln), das chasch nöd zahle, das isch en Abriss, das isch nüüt für oisereis (für uns arme Leute), das isch Wucher, das sind Heidepriise, deet riissed s der de letscht Foifer uus, sacktüür, si nähmed s vo de Läbige, söttig Priise sötted verbotte sii, überrisse, vill z köschtlich

Wertpapiere e Wäje (Wechsel), en Brief (Schuldbrief)

zu viel Geld verlangen abzocke, die hohli Hand anehebe, hoische, uusnäh wie-n-e Gans, uuswinde

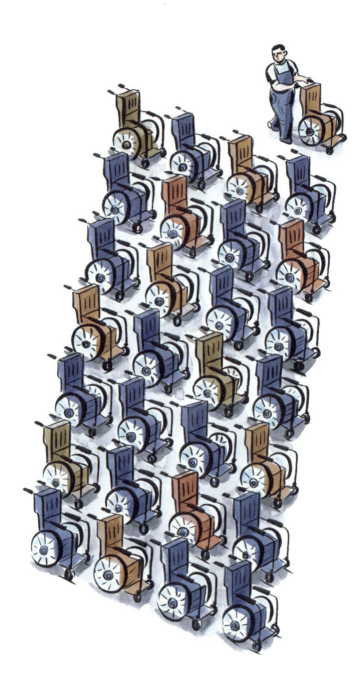

S Rollstuehllager
Rohstofflager (Club)

STADTLEBEN

Abwasserschacht e Tole, es Gülleloch

Badeanstalt de Tuntebrunne (Strandbad Tiefenbrunnen), e Badi, en Fleischmärt (überfüllte Badeanstalt), es Paradiisli (Nacktbad), es Strämmes, es Strampi, s Allemöösli (Bad Allenmoos), s Blutto-Quai (Strandbad Utoquai), s Wälli (Wellenbad Dolder), s Schwümmbi (Abk. von Schwimmbad), s Tüüfi (Strandbad Tiefenbrunnen)

Bars, Restaurants, Clubs d Chalchi (Kalkbreite), d Chrone-Höhli (Kronenhalle), d Gummihalle (Commihalle), d Milch-Disco (Toni-Molkerei), d Roiber-Höhli (Tessiner Keller), d Salmonelle-Bar (ehem. Cindy's), de Affe-Chefig (Palavrion), de bluetig Tuume (Rheinfeldner Bierhalle), de bluetig Zäje (Bierhalle Wolf), de Ochse (Oxa), de Pubertätshüpfer-Träff (Mascotte), de Puur am See (Baur au Lac), de Teenie-Bunker (Mascotte), de Vierti (4. Akt), di amerikanisch Botschaft (McDonald's), s Draatschi (Kulturtreff Drahtschmidli), s Edel-Jugi (Club Indochine), s Kafi König (King's Club), s Kafi Schräg (Club Diagonal), s Kauf (Kaufleuten), s Konflikti (Kon-Tiki), s Kontakti (Kon-Tiki), s Lüüte (Kaufleuten), s Nuggi-Puff (Club X-Tra), s Öxi (Oxa), s Pala (Palavrion), s Pepe Jeans (Papa Joe's), s Prokurischte-Stübli (Joe's Haifisch-Bar), s Rollstuehllager (Rohstofflager), s Röschti (Rohstofflager), s Shopping-Center (Club Supermarket), s Supi (Club Supermarket), s Tres Furzos (Tres Kilos; wegen der verdauungsfördernden Bohnengerichte), s Vier-Ix (Schiffsbau)

Beerdigung e Bode-Hochsig, e Grebt, es Lichemöhli, es stills Gleit

Comestibles-Geschäft en Gummistifel-Lade, es Alle-Cheib-Lädeli, es Tante-Emma-Lädeli

Gebäude, Lokalitäten d Halle (Hallenstadion), d Höh-Töh (Höhere Töchterschule), d Kanti (Kantonsschule), d Long Street (Langstrasse), d Sächsilüütewise (beim Bellevue), d Tinteburg (Sihlpost), de Affe-Chaschte (Schulhaus Hohe Promenade), de Durchzug (ehem. Eisstadion Kloten, «Schluefweg»), de Fleisch-Chäs (Opernhaus-Neubau), de

Pfaue (Heimplatz), de Wädli-Tämpel (Hallenstadion, wegen der Radrennen), d Töchti (Höhere Töchterschule), s Burghölzli (Psychiatrische Universitätsklinik), s Chispi (Kinderspital), s Dörfli (Nieder-/Oberdorf), s Grossmoischter (Grossmünster), s Hallestyz (Hallenstadion), s Letzi (Stadion Letzigrund), s Negerdörfli (Niederdorf), s Poli (die ETH, Polytechnikum), s Pöschloch (Strafanstalt Pöschwies), s Schlössli (Psychiatrische Anstalt, Oetwil a.S.), uf em Milchbi (beim Milchbuck), z Höngg am Ölberg

Gefängnis d Chischte, de Karzer, de Knascht, di schlüssellosi Wohnig, s Arschfigger-Hilton, s Chefi, s Loch, schwedischi Gardine

Jahrmarkt e Chilbi, es Tütschi-Auto (Auto-Scooter)

Karussell e Goofe-Trüli, e Riit-Schuel, e Zäme-Tütschi-Bahn

Menschenauflauf Das isch ja wie am Zürifäscht!, e Moitsch, e Truckete, es gfürchigs Truck, es Gloif, es Gloitsch, es Gmoscht, es Gstungg, Git s öppis gratis?

öffentliche Verkehrsmittel d Aargauer-Falle (unbeabsichtigte Betätigung der Tramklingel), d Frida (Forchbahn), d Frida Bünzli (Forchbahn), d Mettwurscht (altes VBZ-Logo), d Schnarchbahn (Forchbahn), d Schtirb-oder-Bräms-Bahn (Südostbahn SOB), d Stress-Bahn (S-Bahn), d Ueberbei-Bahn (UeBB, ehem. Uerikon-Bauma-Bahn), de andaluusisch Teigg-Express (Spanisch-Brötli-Bahn), de Balkan-Express (Sihltal-Bahn), de Choli (Dampflok), de Elifant (altes Züri-Tram), de Gift-Schlitte (Cobra-Tram), de Goldküschte-Express (S-Bahn Zürich-Meilen-Rapperswil), de Mählwurm (SBB-Neigezug), de Oriänt-Express (Bus 32), de ÖV (öffentlicher Verkehr), de Sliboviz-Express (Zug nach Belgrad), de Tschisi (Cisalpino), e blindi Chueh (motorisierter Tram-Anhänger ohne Führerstand), e Mirage (altes Züri-Tram), en Aargauer isch duregloffe (wenn ein Tram wegen einem Fussgänger eine Notbremsung macht), en Bügel (Tram), en Schnäpper (Tram), es Glett-Iseli (altes Züri-Tram), s Poschi (Postauto), s Poschti (Postauto)

Orte (ausserhalb von Zürich) Bonzischtan (Zug), d Lümmelschüür (Bundeshaus), d Puffer-Zone (Aargau), de Fräss-Balche (Autobahn-Raststätte Würenlos), de Gaza-Streife

(Aargau), de Oscht-Block (alles nördlich von Winterthur), de Stierwaldfettersee (Vierwaldstättersee), de Zigerschlitz (Glarus), de Zürcher Kongo (Tösstal), e Chindli-Fabrik (Göhner-Bauten in der Agglomeration), Göhnlike (Göhner-Siedlung in Adlikon), Moscht-Indie (Thurgau), Räppers-Wil (engl. rap), s Death Valley (Tösstal), s Rüebliland (Aargau), s Stündeler-Engadin (Tösstal), s Wiiland (bei Schaffhausen), San-Gülle (Sankt Gallen), Tschernobiel (Biel), Züri-Wescht (Bern)

Orte (in Zürich) d China-Wise (Blatterwiese am Zürihorn), d Golan-Hööchi (Enge), d Goldküschte (rechtes Zürichsee-Ufer), d Notschliifi (Notschlafstelle), d Pfnüselküschte (linkes Zürichsee-Ufer), Dame-Schwinge (Schwamendingen), de Akzie-Hügel (Zürichberg, Kreis 7), de Bahnhof Strudelhafe (Bhf. Stadelhofen), de Chreis Cheib (Kreis 4), de Gmüetliberg (Üetliberg), de Griess-Hügel (Giesshübel-Quartier), de Hirn-Hoger (Hochschulen-Quartier), de Intelligänz-Hügel (Hochschulen-Quartier), de Üezgi (Üetliberg), de Verhüetliberg (Üetliberg), s Glasscherbe-Viertel (Kreis 4), s Letzi (Letzibad), s Soili-Amt (Knonauer Amt), s Züri-Meer (Zürichsee), Wollyhood (Zürich-Wollishofen), Züri – di fründlich Boustell a de Limmet

Pflastersteine Bsetzi-Stei, Chaote-Konfetti

Politik de Stapi (Stadtpräsident), die Fromme (CVP), die Roote (SP), en Glismete (ein Grüner), en Güllebänneler (SVP), en Komposchti (ein Grüner)

Sechseläuten d Bonze-Fasnacht, d FDP-Chilbi, d Stüür-Hinderzieher-Olympiade, d Züriberg-Fasnacht, s Böögge-Verbrännis

Stadtpolizei Zürich d Muppet-Show, d Stadtmusig, d Trachtegruppe Urania i de blaue Reizwösch, s blaue Balett

Street Parade d Füdli-Schau, d Spanner-Parade

Tram-Chauffeur en Bräms-Sand-Streuer, en Kurvepfiifer, en Schälle-Tramper, en Schine-Pilot, en Trämmler

en Stei-Frässer
Bündner

LAND & LEUTE

Aargauer AG – Achtung Gefahr (wenn ein Aargauer vor einem fährt), AG – ausser Gefahr (wenn ein Aargauer hinter einem fährt), GA – Gefahr aufgehoben (wenn man den Aargauer im Rückspiegel sieht), e Rüebli-Turte, en Aargauner, en Agglo, en arge Gauner, en Arschgauer, en Atom-Kantönler, en Iigeborene, en Nukleargauer, en Pufferzone-Bewohner, en Rüebli-Frässer, en Rüebli-Länder, en Texaner, en Wescht-Öschtriicher, en Wiissi-Sportsocke-Träger, en Wiiss-Söckler, en Züri-Hinderländler, im Gaza-Streife wohne zwüschet Züri und Basel

abgelegen am Arsch vo de Wält, am Schmiernippel vo der Erdachse, i de Pampas, im Bitz usse, im Chabis usse, im Chruut usse, im Fleischchäs usse, im Gaggo, im Gehölz, im Gjätt usse, im Juhee, im Jüttehüü, im letschte Chrache (abgelegenes Tal), im Schilf usse, im Schnittlauch usse, z Hinderpfupfinge

Alphütte e Jodler-Baragge, es Heimetli, es Meie-Sääss, es Sänne-Puff, es Schalee (franz. chalet)

Amerikaner eine us em 110-Volt-Land, en Ami, en Koboi (engl. cowboy)

Appenzeller en Alpe-Bonsai, en Alpe-Zwerg, en Bodesurri, en Dibbi-Däbbi, en räässe Chäs, en Rappezäller, en Säntis-Chegel, en Tällerfrässer, en Teppichrandspringer

Ausflug e Faart is Blaui, en Trip (engl.), en Uusfluug, es Bluescht-Fährtli, es Reisli, es Tüürli (Tour), halbtaxle (vom Halbtax-Abo der SBB)

Auswärtiger en Aagschwämmte (Immigrant), en Agglo (aus der Agglomeration), en fremde Fötzel, en Fremdländische, en Papierli-Schwiizer (Ausländer mit Schweizer Pass), en Usserkantonale, en Zuezogne (Neuzuzüger), es Land-Ei (vom Lande), keine vo eus

Basler en Basylant, en Bebbi, en Bisler, en blöde Löli (Autokennzeichen BL für Basel Land), en blöde Siech (Autokennzeichen BS für Basel Stadt), en Pille-Stedtler, en

Pilleträjer, en Stadtchemiker, He, Basler Beppi, nöd blagiere – Schutt in Arsch und abmarschiere!

Berner d Lahm-Eier, d Mutze, en Berner Bär

Bündner eine us em rhätische Kongo, en Blauburgunder, en Bündner Röteli, en Ferie-Eggler, en Geisse-Spanier, en Gröllhalde-Indianer, en Hinterwäldler, en Jürg Jenatsch, en Mungge-Figger (von Mungge, Murmeltier), en Murmeli-Figger, en Schluchte-Schiisser, en Steibock-Tschingg, en Stei-Frässer, en zwiitgloffne Öschtriicher

Deutscher e Bockwurscht, e Läderhose (Bayer), eine vom grosse Kanton, eine, wo d Spargle quer frisst, en Ballermann, en Bolle-Chopf, en Fischchopf, en Gummihals, en Günther, en Horscht, en Joschka, en Knutlinger, en Kohl-Chopf (von Alt-Bundeskanzler Kohl), en Kraut (aus dem Amerik.), en Neckermann, en Piefke, en Prüüss (Preusse), en Schnäll-Schwätzer, en Schwab, en Storch (wegen der grossen Klappe und den ewigen Drang nach Süden), en Thüttsche (ausgesprochen mit starkem, hochdeutschem Akzent), en Uwe, es Deutschländer Würstchen, es Wiiss-Bier (Bayer)

Engländer en Insel-Aff, en Ross-Chopf, en Tee-Büütel, en Tee-Chopf

Franzose en Franz, en Frosch-Frässer, en Russ, en Schnägge-Frässer, en Franzoose-Hund

französische Schweiz äne am Röschti-Grabe, bi de Russe une, Frankriich, Russland, s Wälsch-Land

Fribourger en Russ, en Wälsche

Glarner eine us em Zigerschlitz

Grundstück d Hoschtet, de Bode, en Blätz, en Fätze, es Heimetli, es Stuck Land

Holländer en Chäs-Chopf, en Chäs-Roller, en hohle Ländler, en Klotsack, en Tulpezüchter

Italiener en Frizzantino, en Funghi (ital.), en Gotthard-Chinees, en Grüen-Wiiss-Roote, en Hörnli-Bohrer, en Italo, en

Maiser, en Makkaroni, en Marroni-Brätler, en Olio-Petrolio, en Paulino, en Pizza-Beck, en Ramazzotti, en Salami-Stampfer, en Salami-Tröchner, en Spaghetti-Frässer, en Sti-Fi-Ze (Stinkefinger-Zeiger), en Süd-Appezäller, en Süd-Tessiner, en Tschingg (ital. cinque), en Tschinggalamore, en Zitrone-Schüttler

Kantone de Kantöönli-Geischt (Rivalität unter den Kantonen), de Risotto-Grabe (Grenze zwischen deutscher und italienischer Schweiz), de Röschti-Grabe (Grenze zwischen deutscher und französischer Schweiz)

Nidwaldner en Riis-Seckler

Obwaldner en Tschifeler

Österreicher en Fudler (Vorarlberger), en Oel-Striicher, en Oscht-Aargauer, en Schluchtjodler

Schweizer en Bünzli (Spiessbürger), en Chääs, en Chueh-Schwiizer, en Puure-Sohn, en Raclette-Schieber, es Puure-Büebli

Spanier en Matador, en Paella-Frässer, en Spanioggel, en Sto-Spa (stolzer Spanier)

St. Galler e Olma-Bradwurscht, en Hals-Chranke, en Sankt-Güller, en Schiffli-Sticker

Stadtbewohner en Fiinstaub-Schnüffler, en Grossstadt-Indianer, en Sardine-Büchsler, en Smöögeler (engl. smog)

Tessiner en Polenta-Frässer

Thurgauer en Moscht-Indianer, en Tannezapfe-Ländler, en Thurgauner

Walensee de Quale-See (wegen der Staus auf der alten San-Bernardino-Route)

Zürcher e Zürischnurre, en Hinderhirzeler (aus Zuger Sicht), en Limmet-Tiroler, en Stricher (aus Sicht des FC Basel), en Zuchthüüsler (aus St. Galler Sicht), en ZuReicher (aus Basler Sicht), en Züri-Hegel, i zucchini (aus Tessiner Sicht), ZH – z wenig Hirn (vom Autokennzeichen ZH)

Land & Leute

en schlafende Tschugger
Bremsschwellen

VERKEHR

Auspuff d Muffe, de Brumm-Brumm, de Stinke-Stummel, de Topf, s Stinki-Rohr

Auto e Badwanne, e Bäne, e Bläch-Guutsche, e Büchs, e Bütti, e Chischte, e Dräckschlüüdere, e galoppierendi Öpfelhurde (kleines Auto), e Garette, e Gelte, e Guutsche (Kutsche), e Maggina (ital. la macchina), e Mühli, e Rääbe, e Riis-Schüssle (japanisches Auto), e Rochle (langsames Auto), e Roschtlaube, e Runkle (altes Auto), e Schnupf-Trucke, e Soife-Chischte (selbstgebasteltes Auto für Kinder), e Tasse, en Charre, en Chlapf, en fahrbare Undersatz, en Göppel, en Griite-Schlepper, en Kilometer-Frässer, en Moschtsüffel (hoher Benzinverbrauch), en Roschthuufe, en Schlitte, en Trog, en Wartsaal (langsames Auto), es Gschooss (schnelles Auto), es Pfüpferli, es Poschti-Chörbli (kleines Auto), mini vier Redli, s Fahri

Autofahrer de Gian Travolta us Ilanz (GTI-Fahrer), en Gebirgs-Rowdy (mit Bündner Autonummer), en Huet-und-Stumpe-Fahrer (Opel-Fahrer), es Porschloch (Porsche-Fahrer)

Automechaniker en Auto-Chlütteri, en Auto-Mech, en Schruuber, en Charre-Schmierer

Autohändler en Kameltriiber, en Ross- und Teppichhändler, en Schwarte-Händler

Auto-Zubehör Charre-Schmieri (Fahrzeug-Fett), e Servela-Länkig (Servo-Lenkung), en Schwigermuetter-Sitz (ausklappbarer Notsitz bei alten Autos), Öschtricher Wy (Glykol, nach dem Wein-Skandal in Österreich)

Benzin flüssigs Gold, Moscht, Sprit

Benzin tanken de Tiger in Tank tue, Sprit hole

bremsen d Chlötz abelaa, de Anker userüere, en Schlirgg riisse, en Schwarze riisse, uf d Chlötz gah, uf d Ise stah

Bremsschwellen en schlafende Tschugger (Polizist)

eine Kurve machen d Handbräms-Cheeri (im Winter, mit angezogener Handbremse), d Kurve chratze, d Kurve schniide, dur de Rank zieh, in Egge stäche, um de Egge fiile

Eisenbahn d Coci-Büchs (Bahn-2000-Lok, die aussieht wie eine Cola-Dose), d Spanisch-Brötli-Bahn (ehem. Bahnlinie Baden-Zürich), d Stress-Bahn (S-Bahn), de Füdli-Wäscher (ehem. Badezug nach Zurzach), de füürig Elias (Dampflok), de Goldküschte-Express (ehem. SBB-Zugsformation), de Lumpe-Sammler (letzter Zug vor Dienstschluss), de Pannolino (italienischer Neigezug Pendolino, bekannt für seine häufigen Pannen), de roti Pfiil (ehem. SBB-Zugsformation), de Schaaggi-Schnaaggi (ehem. SBB-Lokomotive), e Tschu-Tschu-Bahn (Dampflokomotive), en Lambada-Express (enge S-Bahn, in der man die Beine mit dem Gegenüber kreuzen muss), en Schüttelbächer, en Sozi-Bächer (S-Bahn), s Krokodil (ehem. SBB-Lokomotive), sibe Buebe brünzled circa foif Fässer für d Füürwehr Schaffhuuse (SBB CFF FFS)

fahren bloche, bore, brättere, e Blueschtfahrt mache (bei schönem Frühlingswetter), e Strolche-Fahrt mache (Spritztour), en Gummi ligge lah (durchdrehende Räder), en Isige ligge lah (durchdrehende Räder mit Schneeketten), frääse, hötterle (langsam fahren), kruuse (engl. to cruise), öpperem en Furz is Polschter trucke (mitfahren), umefäge, umefätze, umefiile, umeroifle, umeööschte, umeschweisse

Fahrrad d Berta, d Züri-Metzgete (ehem. Velorennen im Kanton Zürich), e Geiss, e Harley-tramp-miin-Sohn, en Chrahne, en Draht-Esel, es Stahlross, es Velo, lüftle (die Pneu-Ventile lösen)

Fahrrad-Fahrer de hät s Hirni i de Wade, die mit em Styroporhirni (Helm), en Gümmeler, en Länkstange-Biisser, en Länkstange-Goiferi, en Luftfilter, en Speiche-Löli, en Velo-Gümmeler

Fahrrad-Zubehör es Chatzenaug (Rückstrahler beim Fahrradrücklicht)

Fehlstart de Motor abwürge, er isch abgsoffe, er isch versoffe, er stotteret

Flugzeug-Triebwerk en Töff

Führerausweis de Brief, de Fahruuswiis, de Lappe, de Lööli (Lernfahrausweis), de Permi (franz. permit de conduire), de Schegg, s Bileet

Gang einlegen d Zäh buzze (sich verschalten), e Wäje inerüere, eine chnorxe, en Gruess vom Getriebe (wenn es knirscht beim Schalten), es Briggee nae schiebe, im Bänzin rüere, s Rüer-Wärch (Handschaltung)

Gas geben abchnüttle, am Gas hänke, Chole schuufle, de Bleifuess inehänke, de Pinsel abetrucke, Gummi gäh, Guzzi gäh, Hammer gäh, Pfupf gäh, Stoff gäh, Tee ine laa

gelb-schwarzer Verkehrsteiler e Biene Maya

Geschwindigkeitskontrolle Achtung – Glattiis, e Boxegass-Kontrolle, e Foti-Station, en Bläch-Polizischt, en Chaschte, en Radar, es hät blitzt, es Pluff-Pluff, es Wanderkino

Go-Kart für Kinder es Trampi-Auto

Hubschrauber en Chreiselmäjer, en Flatter-Chrane, en Heli, en Helikopeter, en Helioktober, en Heuwänder, en Luftmixer, en Nidelschwinger, en Schruubhueber

ich bin gestürzt (mit dem Fahrrad) es hät mi bös abgstuehlet, es hät mi büchset, es hät mi glitzt, es hät mi verpfäfferet, es hät mi verrüert, es hät mi voll grüert, es hät mi voll uf d Frässi ghaue, es hät mi voll uf de Sack knallt, es hätt mi vom Velo gschmisse, ich bi uf d Schnurre ghejt, ich han es Achti gmacht, ich han es Eseli gmacht

Mofa e Steppe-Sau, e Wurscht-Schind-Maschine (Mofa mit Keilriemenscheiben-Übersetzung), en Chrischtus-Verfolger, en Füdli-Wecker, en Hämorrhoide-Schüttler, en Hode-Rassler, en Hode-Schüttler, en Hode-Vibrator, en Hödi, en Hosebode-Vibrator, en Pfupf, en Pubertäts-Beschlüüniger, en Sackgält-Verdunschter, en Schnäpper, en Voralpe-Schnüffler, en Zuckerwassermotor, es Pubertätsheliköpterli, es Töffli

Motor d Maggina (ital. macchina), de Chlöpfer, de Chlümper, de Mocke, de Muskel, de Wecker

Motorrad e Flüüge (50ccm, wegen des Schaltgeräusches), e Gülle-Pumpi (Honda CX 500), e Gummi-Chueh (BMW), e Hügelfräse (Motocross-Motorrad), e Jammere (Yamaha), e Randstei-Frääsi, e Ravioli-Harley (Moto Guzzi), e Studänte-Harley (Vespa), e Sugi (Suzuki), e Zwiebackfrääsi, en Affe-Ständer (Harley), en Arschbagge-Vibrator, en Bibelforscher-Traktor, en Blöff-Töff (Harley), en Böögge-Stuel (BMW), en Chlöpfer, en Füür-Stuehl, en Grad-uus-Töff (Harley), en Hobel, es Chlöpf-Schiit, es Guezli, es Rauchvelo, es Wäschpi (Vespa)

Motorrad (125 ccm) e 100-Füdli-Zwänzger, e Hode-Rassle, e Hundertfoifezwänzger, e Tschätterbäne, e Zwiebackfrääsi, en Hämorrhoide-Schüttler, en Sackgäld-Verdunschter, en Wunde-Füdli-Schwänzler

Motorradfahrer de Plampi (Beifahrer im Seitenwagen), de sitzt wie en Aff uf eme Schliif-Stei (schlechter Fahrer), de sitzt wie en Aff uf ere Sprütz-Chane (schlechter Fahrer), en Töffli-Bueb (Mofa-Freak)

Motorrad-Zubehör en Chopf-Pariser (Strumpfmaske), es Schildchröttli (Rückenpanzer und Helm)

Offroader (SUV) e SVP-Schaukle, en Goldküschte-Panzer, en Huusfraue-Panzer, en Schwängel-Ersatz, en Stadt-Panzer, en Voralpe-Schnüffler, en Zolliker Pischte-Bully, en Züriberg-Traktor

parken parkiere, saage (ungeschickt einparken)

per Anhalter fahren Auto stoppe, stöpple

polizeilicher Alkoholtest gstoche werde (Blutprobe), is Röhrli blase (Atemprobe), müese blaase (Atemprobe), Soosse abzapfe (Blutprobe)

Redensarten de James hät hüt frei (wenn jemand selber Auto fährt), es Elefante-Ränne (Lastwagen überholt Lastwagen), s fründlichi Handzeiche (Zeigefinger ans Hirn)

Reifen d Gümmis, d Schlarpe (breite Reifen), d Servila-Hüüt (abgefahrene Pneus), d Wienerli, e Gurke, en Colli (Velo-Pneu), en Finke, en Platte (Reifenpanne), en Pnöö (Pneu), es spuelet (die Reifen drehen durch)

Schneepflug e Schnüüzi, en Pfaadschlitte

Streifenwagen d Stadt-Musig (Martinshorn), es Disco-Wägeli, es Sixpack (Kastenwagen mit sechs Polizisten), s Blii-Blüü (Martinshorn)

Traktor en Berg-Puure-Porsche, en Puure-Ferrari, en Subvenzione-Porsche

Trolleybus-Chauffeur en Drahtverfolger

tunen frisiere, uufbohre, uufmotze, uufpimpe (von der MTV-Sendung «Pimp My Ride»)

überfahren überrole, vercharre, verschlirgge

überholen e Rückliecht-Demo mache, frässe, riisse

Unfall d Schiissi spitze (mit dem Motorrad verunfallen), de Charre verschüüsse, e Strumpf-Chugle mache (Totalschaden), en Baum umarme, en Flade boue, en grosse Service, en Zämeputsch, s Auto chalt verforme, s Auto zämelegge, s hätt mi abtischet, verstääte (Totalschaden)

Velosolex e Pnöö-Figgi (wegen seinem Reibrad-Antrieb aufs Vorderrad), en Solofelix, es Maria-hülf-Motörli

Verkehrskadetten d Strassepylone, d Vercherrs-Chaote, d Verchehrs-Kadeppe

Vollgas de Stämpel dune haa, duretrucke, im Tüüf-Flug deher choo, voll Caracho, voll Guzzi, voll Hahne, voll Stoff

weisser Strassenpfahl e Chrankeschwöschter, e Diakonissin, en wiisse Pfoschte

weitere Vehikel en Heubärre (Heuwagen)

GUT GEBRÜLLT, ZÜRISCHNURRE!

Haben wir einen besonders träfen Ausdruck vergessen? Machen Sie mit bei der ersten Zürcher Slängipedia! Schicken Sie uns den deutschen Begriff und seine zürichdeutsche Übersetzung an slang@zuri.net. Oder benutzen Sie das Formular im Online-Lexikon: www.zuri.net/slang oder www.zuerislaengikon.ch. Die Redaktion überprüft alle neuen Beiträge, vereinheitlicht die Schreibweise und behält sich vor, Beiträge abzulehnen, die der Zürischnurre die Schamesröte ins Gesicht treiben. Je mehr das Züri-Slängikon wächst, desto mehr stimmt unser Motto: Wir reden Zürich!

 zuri.net ⭐ **MEHR ZÜRICH IM NETZ**